Françoise Dolto

Catherine Dolto-Tolitch

Colette Percheminier

paroles pour adolescents ou
le complexe du homard

D1332924

sommaire

**V**ous avez entre treize et dix-sept ans environ, ça s'appelle l'âge de l'adolescence. Ce livre est fait pour vous, garçons et filles, qui sentez que c'est difficile de vivre ce que vous avez à vivre. De l'adolescence, les gens en parlent mais à vous, c'est rare qu'on vous dise quelles sont les difficultés de votre âge.

A première vue, l'adolescence, c'est le passage de l'enfant à l'âge adulte, c'est un âge intermédiaire. Mais en famille, c'est très difficile, car les parents qui nous voient depuis qu'on est petit comprennent mal que tout change avec cette maturité physiologique sur laquelle vous aurez des éclaircissements dans le chapitre "Les transformations".
C'est très difficile aussi de continuer à avoir les mêmes objets autour de soi, les mêmes personnes, les mêmes amis en apparence alors qu'on change dans son corps et ses sentiments. Passer de l'enfance à l'âge adulte, on peut appeler cela une "mutation". C'est aussi important que de

passer de la vie du fœtus dans le ventre de sa mère à la vie aérienne du nourrisson. De votre naissance, vous ne vous en souvenez pas, moi non plus. C'est un moment où l'être humain est très fragile, et bien qu'à l'adolescence vous vous sentiez parfois très forts, il y a des choses fragiles en vous. J'espère que ce livre vous aidera à passer cette période de votre vie en connaissant mieux ces difficultés et sans vous décourager si vous ne trouvez pas toujours de l'aide autour de vous. Vous allez rire, mais j'ai trouvé un mot pour dire ce que c'est que cette période et les difficultés qu'on éprouve. On va dire "complexe", parce que c'est à la mode de parler des complexes, mais c'est un complexe bien particulier : c'est le complexe du homard ; vous en trouverez l'explication tout au long du livre ▌

**Françoise Dolto**

*Un* an après la mort de ma mère Françoise Dolto, me voici assise dans sa maison du Midi, sur la terrasse où elle aimait s'installer pour écrire face à son jardin peuplé d'arbres. A chacun d'eux la liait une amitié particulière.

Ceux qu'elle avait plantés elle-même étaient un peu ses enfants, elle aimait les voir grandir, s'émerveillait de leur taille ou de la fantaisie d'une branche dessinant dans le ciel une forme originale. Aujourd'hui, quand je les regarde, c'est un peu comme si je me trouvais au milieu d'une bande d'adolescents verts, des espèces de frères que ma mère aurait regardés grandir pendant des années.

Elle aimait assister au déploiement d'un être vivant, fût-il végétal, animal ou humain (bien que les humains aient toujours eu sa préférence). L'acte de devenir était de tous celui qui la passionnait et l'émouvait le plus et ce n'est pas un hasard si un des derniers messages qu'elle laisse est un livre qui s'adresse aux adolescents. Depuis des années elle, moi et mon amie d'adolescence

Colette Percheminier passions des heures à échanger nos expériences et nos idées. Ma mère était psychanalyste. Colette, après avoir organisé des colonies de vacances "sauvages" où les adolescents étaient heureux, s'occupait de jeunes vivant en institutions. Je suis sociologue et médecin généraliste, en contact constant avec des humains à tous les moments de leur vie, et même avant leur naissance. Depuis dix ans, je travaille avec Frans Veldman qui m'a initiée à l'haptonomie, science qui permet d'entrer en relation par le toucher et l'ouïe avec le bébé encore en gestation et de l'accueillir au monde lors de la grande aventure de la naissance.

Les liens tissés entre parents et enfants si tôt et leur influence sur leur vie future intéressaient Françoise Dolto. Elle qui était si soucieuse de prévention trouvait là quelque chose qui allait dans son sens et elle était heureuse que je m'engage sur ce chemin. Nos champs d'observation, nos pratiques et nos âges étaient différents, mais sur le fond des choses, nous étions en harmonie parfaite.

Un jour, nous avons décidé de faire de tout cela un livre. Entre octobre 87 et juin 88 nous nous sommes réunies régulièrement autour d'un magnétophone pour parler et dire aux adolescents tout ce qui nous passait par le cœur.

Quand la maladie a immobilisé Françoise, nous avions fait le tour de tous les sujets que nous voulions aborder. Seule la mise au point finale du texte a été faite après sa mort. Les dernières semaines, Colette est venue vivre avec nous parce que la santé de Françoise nécessitait des soins constants. Nous, ses enfants et quelques amis, nous nous relayions auprès d'elle jour et nuit. Elle savait qu'elle allait mourir et pourtant elle était gaie et attentive. La maisonnée bourdonnait autour d'elle comme une ruche autour de sa reine mère à la fois grave et joyeuse. Car, comme elle, nous étions persuadés que la mort ne nous séparerait pas. Je sais maintenant que nous avions raison. Elle disait qu'elle s'apprêtait à renaître et qu'aller vers cet inconnu était à la fois "jouissif et inquiétant".

*Pendant que nous préparions ce livre, j'ai trouvé, en rangeant ses affaires, une conférence qu'elle avait prononcée à Vigneux en décembre 85 devant des parents et des éducateurs à propos de l'adolescence. Le texte fait écho au nôtre et nous avons décidé de les publier ensemble. Pour que notre livre soit complet, nous avons demandé à Michèle Mongheal, avocat à la cour d'appel de Paris, de rédiger un dossier résumant les lois qui régissent la vie des adolescents. Des adolescents nous ont confié des textes et nous les remercions d'avoir accepté de mêler leurs voix aux nôtres.*

*Je suis sûre que ma mère aimerait le livre tel qu'il est et qu'elle serait d'accord avec moi pour remercier nos éditeurs, Colline Faure-Poirée, Hélène Quinquin et Odile Gandon, ainsi que toute l'équipe de Hatier grâce à laquelle nous pouvons publier après sa mort un livre plein de vie et, je crois, encourageant pour tous ceux qui vivent ce qu'elle appelait si joliment le drame du homard* ▮

## Catherine Dolto-Tolitch

*Juillet 1989.*

# L'adolescence, qu'est-ce que c'est ?

L'adolescence, c'est la période de passage qui sépare l'enfance de l'âge adulte, elle a pour centre la puberté. A vrai dire, ses limites sont floues.

Ce à quoi ça ressemble le plus, c'est sans doute la naissance. A la naissance, on nous sépare de notre mère en coupant notre cordon ombilical, mais on oublie souvent qu'entre la mère et l'enfant, il y avait un organe de liaison extraordinaire : le placenta. Le placenta nous apportait tout ce qui était nécessaire à notre survie et filtrait beaucoup de substances dangereuses circulant dans le sang maternel. Sans lui, pas de vie possible avant la naissance, mais à la naissance, il faut absolument le quitter pour vivre.

L'adolescence, c'est comme une SECONDE NAISSANCE qui se ferait progressivement. Il faut quitter peu à peu la protection familiale comme on a quitté un jour son placenta protecteur. Quitter l'enfance, faire disparaître l'enfant en nous, c'est une mutation. Ça donne par moments l'impression de mourir. Ça va vite, quelquefois trop vite. La nature travaille à son propre rythme. Il faut suivre et on n'est pas toujours prêt. On sait ce qui meurt, mais on ne voit pas encore vers quoi on va. Ça ne "colle plus" mais on ne sait pas bien pourquoi ni comment. Plus rien n'est comme avant, mais c'est indéfinissable.

Par exemple, le changement de la voix pour les garçons, c'est douloureux. C'est dur de faire le deuil de sa voix, celle qu'on se connaissait depuis des années. Il y a de L'INSÉCURITÉ dans l'air, il y a le désir de s'en sortir et le manque de confiance en soi. On a besoin à la fois de contrôle et de liberté, ce n'est pas facile de trouver le bon équilibre entre les deux. Pour les parents comme pour les enfants, le dosage idéal est différent selon les jours et les circonstances.

**O**n voudrait montrer qu'on est capable de se risquer dans la société. La loi prévoit que les parents sont responsables de leurs enfants jusqu'à leur majorité et soi-même, on sent ce besoin de protection par moments. Mais chacun doit être responsable de lui-même. Il s'agit en fait d'une CORESPONSABILITÉ.

**O**n aurait besoin de sentir l'intérêt de l'entourage familial pour cette évolution incroyable qui se passe en nous, mais quand cet intérêt se manifeste, il peut nous retenir dans l'enfance ou au contraire nous pousser trop vite à devenir adulte. Dans les deux sens, on se sent coincé par cette attention alors qu'on aurait cherché à être soutenu.

**O**n voudrait parler adulte mais on n'en a pas encore les moyens. On aimerait prendre la parole et être écouté vraiment. Quand on nous laisse la prendre, c'est trop souvent pour nous juger sans nous entendre. On s'avance en parlant et on se retrouve piégé.

**O**n sent que c'est vital de quitter ses parents un jour. Alors il faut déjà quitter un certain type de relation avec eux. On veut aller vers une vie différente. Mais quelle vie ? On n'a pas toujours envie d'avoir la même vie qu'eux. En les regardant vivre, on croit parfois voir son propre avenir et ça fait peur.

**O**n se sent sur une pente dont on n'a pas le contrôle. On perd ses défenses, ses moyens de communication habituels sans avoir pu en inventer de nouveaux.

L**ES HOMARDS**, quand ils changent de carapace, perdent d'abord l'ancienne et restent sans défense, le temps d'en fabriquer une nouvelle. Pendant ce temps-là, ils sont très en danger. Pour les adolescents, c'est un peu la même chose. Et fabriquer une nouvelle carapace coûte tant de larmes et de sueurs que c'est un peu comme si on la "suintait". Dans les parages d'un homard sans protection, il y a presque toujours UN CONGRE qui guette, prêt à le dévorer. L'adolescence, c'est le drame du homard ! Notre congre à nous, c'est tout ce qui nous menace, à l'intérieur de soi et à l'extérieur, et à quoi bien souvent on ne pense pas.

Le congre, c'est peut-être le bébé qu'on a été, qui ne veut pas disparaître et qui a peur de perdre la protection des parents. Il nous retient dans notre enfance et empêche de naître l'adulte qu'on sera. Le congre, c'est aussi en nous l'enfant en colère qui croit que c'est en "bouffant" de l'adulte qu'on devient adulte. Le congre, c'est peut-être encore ces adultes dangereux, parfois profiteurs, qui rôdent autour des adolescents parce qu'ils les sentent VULNÉRABLES. Les parents savent qu'ils existent et que les dangers nous guettent. Ils ont souvent raison de nous inciter à la prudence, même si c'est pénible de l'accepter.

L'adolescence, c'est aussi un mouvement plein de force, de promesses et de vie, un jaillissement. Cette force est très importante, elle est l'énergie même de cette transformation. Comme les pousses qui sortent de terre, on a besoin de "SORTIR". C'est peut-être pour cela que le mot sortir est si important. Sortir, c'est quitter le vieux cocon devenu un peu étouffant, c'est aussi avoir une relation amoureuse. C'est un mot clé qui traduit bien le grand mouvement qui nous secoue.

En BANDE on se sent bien, on a les mêmes repères, un langage codé à soi qui permet de ne pas utiliser celui des adultes. On aimerait bien qu'il n'y ait plus de tu ou de vous, qu'il n'y ait qu'un tu de fraternité, qu'on voudrait bien employer toujours et qui n'est pas le tu des adultes, parfois condescendant.

Il n'y a pas d'adolescence sans problèmes, sans SOUFFRANCES, c'est peut-être la période la plus douloureuse de la vie. C'est aussi la période des JOIES les plus intenses. Le piège, c'est qu'on a envie de FUIR tout ce qui est difficile. Fuir en dehors de soi en se jetant dans des aventures douteuses, ou dangereuses, entraîné par des gens qui connaissent les fragilités des adolescents. Fuir à l'intérieur de soi, se barricader derrière une fausse carapace.

L'adolescence, c'est toujours difficile, mais si les parents et les enfants font confiance à la vie, ça s'arrange toujours ∎

paroles pour adolescents ou
le complexe du homard

**Christophe. 16 ans et demi**

C'est l'âge où on a la trouille de vivre des échecs, mais comme il paraît que ce sont les échecs qui font grandir et mûrir, c'est difficile.

**Gilles. 14 ans**

L'adolescence, c'est bonos ! Y'en a qui bloquent, c'est sûr. Moi je trouve ça épatant, on peut faire plein de trucs comme les grands mais on n'a aucune responsabilité. Faut dire que mes parents sont coolos, j'aimerais que ça dure.

**Irène. 15 ans**

J'ai pleuré si fort que mon œil était rouge. Je suis triste et énervée et je ne sais même pas pourquoi. Je voudrais arrêter les jours, je voudrais être loin. C'est comme un chemin avec des étapes, à chaque étape il y a une récompense, mais si tu crèves, t'auras pas la récompense. Moi j'ai crevé. J'ai mal de penser, j'ai mal de vivre, j'ai trop mal de ne pas réussir à m'encourager ni à me consoler. C'est dur, c'est trop dur, ras le bol la vie, mais je l'aime...

**Céline. 16 ans**

*C'est difficile, ce passage de la vie. C'est tellement fatigant de vivre dans l'incertitude et le doute, on est mal à vouloir en mourir avec ce qui nous entoure, révoltés, malheureux dans une peau que l'on ne sent pas à soi, malheureux aussi parce qu'on ne comprend plus ce qui se passe et parce que l'on est seul, car vous nous faites un peu peur. Voici ce que, pour nous, vous représentez : le monde du travail trop souvent intéressé. Voyez donc vos mines défaites et malsaines semblant supporter beaucoup trop de choses avec un petit mélange d'hypocrisie et de fausse gentillesse. Vous avez toujours l'air de paraître, de faire semblant d'être. Ne vous est-il plus possible d'être ? Et vos phrases, vos mots à vouloir tout détailler, tout expliquer, tout développer même quand cela est inutile ou alors votre silence, votre éloquent silence, un mur qui nous bloque et fait de nos regards un puits profond ou de l'asphalte.
Notre aspect extérieur, nous le voulons intouchable, impénétrable. Alors nous nous faisons durs, vulgaires et méchants. C'est vrai, on est méchants, on s'obstine à ne pas vouloir vous comprendre, vous parler, vous écouter. Mais c'est parce que vous avez beaucoup trop tendance à bannir le rêve et l'espoir de votre vie, vous paradez bien trop...*

*Le monde roule sur des billes et se casse la figure, la société est une parcelle de ce monde, elle dégringole avec lui.
Adultes, savez-vous, huit adolescents sur dix pleurent dans leurs coussins toutes les nuits et font de leurs journées du "il faut". Les autres n'ont plus de larmes à force de les retenir, de s'endurcir de ne plus faire attention à l'entourage. C'est triste, vous ne trouvez-pas ? Nous sommes sur la même gamme de vie, mais hélas pas à la même note. La vôtre est grave, la.nôtre est haute. Pourquoi nous en vouloir ? C'est bien trop difficile pour être clair et bien trop triste pour être développé.
Adultes, grandes personnes, je vais vous faire confiance d'une chose que vous savez sûrement : nous ne sommes jamais terminés... et tous en manque pressant de choses essentielles.
Je finirai par une citation de Maurice Pialat.
"Le vrai film sur les adolescents, ce serait celui réalisé par des adolescents. C'est peut-être impossible, ils n'ont pas le recul nécessaire, il faudrait qu'ils se livrent, mais c'est un âge où l'on ne fait pas cela volontiers"* ∎

* Pour préserver leur anonymat, des prénoms fictifs ont été attribués aux adolescents auteurs des textes.

# Les transformations

La puberté, c'est le passage de l'enfance à l'adolescence. C'est une transformation du corps (transformation physiologique), de l'esprit et des sentiments (transformation psychique).

Notre esprit doit s'adapter aux transformations du corps, et ce n'est pas toujours facile de mener cela de front. Tout cela donne un grand REMUE-MÉNAGE de toute la personne que chacun d'entre nous traverse comme il peut, de façon unique.

Le mot "PUBERTÉ" vient du latin "pubes", qui veut dire poil et en effet l'apparition de poils sur le pubis, sous les bras – et sur les joues pour les garçons – est un des signes de la puberté. Quand la puberté est achevée, on est nubile, ce qui veut dire en âge de se marier. A vrai dire tout cela est confus, car selon les époques et selon les sociétés, l'âge de la nubilité est variable. Actuellement, en France, les filles sont nubiles à quinze ans et les garçons à dix-huit.

Dans l'histoire des humains, pour des raisons d'alliance entre familles, on connaît de nombreux exemples de mariages entre enfants non pubères qui, après le mariage, restaient des années sans se revoir, jusqu'à leur nubilité. Il y a aussi des mariages entre jeunes de douze ou treize ans, en Afrique par exemple. En Europe, au Moyen Âge, il n'était pas rare qu'une jeune femme de vingt ans ait déjà trois ou quatre enfants. La vie était plus courte et la vie conjugale commençait plus tôt, surtout pour les filles.

Il y a donc d'un côté la puberté au sens social, qui varie selon les époques et les lieux et, de l'autre, la puberté physiologique qui, depuis une cinquantaine d'années, a tendance à se produire plus tôt qu'autrefois chez les filles.

Certaines filles réglées à l'âge de dix ans se sentent souvent plus mûres que d'autres âgées de treize ans mais pas encore réglées. A dix-huit ans, certains garçons sont encore des bébés alors que d'autres sont déjà lancés dans la vie.

Dans cette grande mutation, tous, adolescents, parents, société, se débrouillent comme ils peuvent. Ce n'est pas toujours facile parce que dans le fond, tout le monde a un peu peur de ce qui en sortira. Les parents par exemple ne sont pas à l'aise, car pour eux cela change et remue beaucoup de choses, même s'ils n'en ont pas conscience ou s'ils ne veulent pas le montrer. Dans tous les cas, l'HUMOUR et la tolérance aident bien à passer les caps difficiles.

### Ce qui se passe dans le corps

Les événements se déroulent sur plusieurs années, la puberté est un phénomène long et progressif, mais certaines étapes sont spectaculaires. Tout se fait sous l'influence des HORMONES. Certaines glandes – hypophyse, testicules, ovaires – sont mûres pour sécréter des liquides qu'on appelle hormones. Ces hormones circulent dans le sang et vont modifier les organes auxquels elles sont destinées et qui sont transformés à la puberté.

On grandit de partout. C'est particulièrement net aux extrémités : pieds, mains et nez grandissent. On ne sait plus dans quelles chaussures mettre les pieds ! La forme, les formes, la silhouette se modifient. Et on grandit aussi dans la manière de penser...

Les poils poussent sur le pubis et sous les bras, les organes génitaux augmentent de volume et la peau à leur niveau devient plus foncée. Tout se met en place pour la FÉCONDITÉ (capacité d'avoir des enfants).

### Chez les garçons

Le changement de leur voix, qu'on appelle la MUE, est beaucoup plus net que chez les filles. La voix change plus ou moins brusquement. Parfois cela produit des sons très curieux, un peu discordants. Dans ce qui se voit à l'extérieur, il y a aussi la moustache et la barbe ; c'est la découverte des rasoirs : ça fait plaisir, mais ce n'est pas toujours agréable.

Le plus important, c'est peut-être ce qui est le plus secret : les ÉRECTIONS deviennent plus fréquentes et se terminent par une émission de sperme ; la multiplication des érections, avec le sexe qui devient dur et gonflé et l'étrange excitation qui les accompagne est un phénomène physiologique provoqué par l'afflux de sang dans la verge. Cela se passe souvent pendant le sommeil, on en retrouve des traces sur le drap. Ce n'est pas grave, mais on se sent gêné, surtout quand c'est quelqu'un d'autre qui fait le lit et qu'il pourrait les voir. Pourtant, cela ne doit pas inquiéter et cela arrive à tous les adultes. C'est un signe extérieur de la puberté dont on n'ose pas trop parler avec son entourage. Comme tout le monde est intimidé, souvent personne n'en dit rien et c'est dommage. C'est normal d'être troublé, de se poser des questions en voyant un corps encore enfantin produire une semence qui lui permet déjà de devenir père, et c'est bien d'en parler.

Le piège, c'est de s'imaginer que l'érection veut dire DÉSIR ou SENTIMENT AMOUREUX. Quelquefois ça va ensemble mais quelquefois, ça n'a vraiment rien à voir. Le piège aussi, c'est de se sentir coupable quand ces érections furtives entraînent la masturbation involontaire. En fait, c'est très fréquent et tout à fait naturel.

### Chez les filles

L'arrivée des premières règles est un grand événement dans la vie de chaque femme. Une fois par mois, les ovaires expulsent un ovule (OVULATION), l'utérus se prépare à l'accueillir en se tapissant d'une couche de tissu plein de vaisseaux sanguins et nutritif pour l'ovule (au cas où il serait fécondé par un spermatozoïde). Si l'ovule n'est pas fécondé, ce tissu devient inutile et il est évacué : ce sont les RÈGLES. Elles sont faites de sang et de résidu de ce tissu. Tout cela se fait sous l'influence des hormones sécrétées par les ovaires et l'hypophyse, une petite glande située au centre du cerveau. Ce sont aussi ces hormones qui provoquent une tension dans les seins ou les spasmes qui donnent parfois mal au ventre. Le plus souvent, les règles ne font pas très mal. Quand elles sont vraiment douloureuses, il faut en parler avec un médecin.

Le temps qui sépare deux périodes de règles s'appelle un CYCLE. L'ovulation survient à peu près au milieu du cycle. Ce qui veut dire que la première ovulation a lieu avant les premières règles. C'est important de repérer son ovulation, qui est le moment où l'on peut concevoir un enfant. Les premiers cycles sont souvent anovulatoires (sans ovulation réelle). Mais s'il y a eu ovulation, il existe un risque de devenir enceinte avant même d'avoir eu ses premières règles. La nature qui vise à la reproduction fait tout pour faciliter la rencontre de l'ovule et du spermatozoïde.

Pendant l'ovulation, il y a une sécrétion de glaire pendant quelques jours, c'est facile de la repérer et cela permet de connaître son cycle. La glaire ressemble à du blanc d'œuf cru, elle est très attirante pour les spermatozoïdes qu'elle entraîne comme un tapis roulant vers l'utérus et les trompes, où les ovules les attendent.

C'est pourquoi les jeux sexuels, les étreintes très intimes, même sans pénétration sont risqués en période d'ovulation, car quand le garçon éjacule, cela peut entraîner une FÉCONDATION. C'est très rare, mais cela arrive.

Commencer à avoir ses règles, c'est entrer dans un mode de vie cyclique qui est propre aux femmes. Mine de rien, le temps ne se déroule pas pour les femmes comme pour les hommes dans une continuité. Leur cycle rythme leur vie. Même avec une pilule, on est toujours entre deux règles. En début ou en fin de cycle, on sent son corps différent suivant les moments. Et l'humeur change aussi parfois.

Avec l'arrivée des règles, la silhouette change : les seins poussent, on prend des hanches et des fesses, et ce n'est pas toujours facile à vivre. Le métabolisme change aussi. Le métabolisme, c'est la façon dont nous dépensons les calories que nous apportent les aliments.

Si on a tendance à grossir – ou si c'est une tendance familiale – il est prudent de modifier son alimentation en absorbant moins de graisses et moins de sucres à partir de la puberté. C'est difficile à une période où, justement, on se sent souvent mal dans sa peau, mal aimé et où on est tenté de se CONSOLER avec des sucreries !

Le piège, c'est qu'à force de s'occuper de sa ligne, on tombe souvent dans des excès qui peuvent amener à l'ANOREXIE mentale. C'est une maladie souvent rencontrée chez les jeunes filles et qui les rend incapables de manger pour des raisons psychologiques (peur de grossir, peur de devenir femme, peur de sa sexualité naissante…).

La BOULIMIE au contraire, c'est le besoin irrésistible de manger, de se remplir sans avoir faim, en avalant tout ce que l'on a sous la main. Certaines passent alternativement de l'anorexie à la boulimie, suivie de vomissements volontaires. Tout cela est effrayant pour les parents qui, du coup, dramatisent parfois un simple manque d'appétit pourtant normal et même sain à cet âge-là. C'est souvent cet affolement qui, en raidissant les comportements, aggrave la situation et amène à la maladie.

Le mieux quand on a des problèmes de poids, qu'ils soient réels ou imaginaires, c'est d'aller de soi-même en parler avec un médecin qui connaît bien la psychologie des adolescents et les problèmes d'alimentation. Ça aide et c'est rassurant pour les

paroles pour adolescents ou
le complexe du homard

parents. Pour les filles comme pour les garçons, ces transformations sont compliquées à vivre. Il y a tellement de choses importantes qui questionnent, qui intriguent et dont on n'ose pas parler. Alors souvent on transpose, on attire très fortement l'attention sur des parties plus banales du corps.

Le visage et les cheveux deviennent importants. Le MAQUILLAGE et la coiffure sont de formidables moyens de s'occuper de ce corps qui se transforme, d'en parler sans en avoir l'air.

Tout cela dure des années, le temps de "suinter" sa nouvelle carapace. Ce n'est pas toujours confortable, mais c'est toujours passionnant ■

### Aline, 16 ans

Je me sens en instance de vie… pas envie de bouger… Ça va trop vite et c'est trop long. J'ai peur de prendre des tartes dans la gueule. Je suis bien nulle part. Je fuis… la fuite… je suis en instance, mais de quoi ?

### Nathalie, 14 ans

Depuis quelque temps, je trouve que tout se complique, tout est compliqué, je suis trop compliquée.

### Laurent, 16 ans

Nous, les jeunes, on ne sait rien faire d'autre que "courir après soi-même". C'est pas de moi, c'est dans une chanson de Charlélie Couture et je trouve que c'est vraiment ça.

### Stéphanie, 15 ans

*C'est intéressant d'être docteur, parce que c'est la vie des hommes. Ils connaissent comment sont faits les hommes, comment ça marche un corps et tout ça. Ils connaissent tout sur le corps des humains. Si j'étais mariée avec un docteur, par exemple, je lui poserais des questions sur le corps, il m'apprendrait des choses sur mon corps, sur le corps des autres* ■

# Se sentir beau,
# se sentir laid

Comme les homards lorsqu'ils perdent leur carapace, on se retrouve à l'adolescence dans une apparence qui change.

C'est un peu l'histoire de tous les adolescents.

L'enfant se trouvait très beau avec sa carapace qu'il connaissait. A l'adolescence, on s'interroge : Suis-je beau ? Suis-je laid ?

On se sent mal avec cette acné sur le visage. On se sent trop grand ou trop large, on est pataud. On se sent comme un appartement en chantier où il n'y a pas un seul petit coin tranquille pour se reposer. On est en pleine mutation. A l'intérieur comme à l'extérieur.

Pendant cette période, on est complètement assujetti au MIROIR, au reflet inerte renvoyé par la glace, au reflet vivant que l'on cherche à lire dans les yeux des autres. On y guette le surgissement de soi-même conforme à une image idéale. Mais un miroir ne nous montre jamais véritablement ce que les autres voient quand ils nous regardent, car un visage ne révèle la personnalité que lorsqu'il s'anime. Un sourire peut illuminer des traits qui semblaient ingrats dans l'immobilité. De beaux yeux bien maquillés ne sont qu'une façade qui peut tromper, mais le regard qui parle de l'intérieur est bien plus important. Il ne se maquille pas.

Quelquefois, on ne sait même plus qui on est, ni ce que l'on veut montrer de soi. On se sent en difficulté avec son être (ce qu'on est) et avec son paraître (ce qu'on veut montrer de soi).

Les moyens de défense intérieurs que l'on avait avant, quand on était petit, sont perdus. Alors on se défend par l'extérieur, par le paraître, par le costume. Parce qu'on a un sentiment de pauvreté, de vide intérieur, on croit que se faire remarquer par les autres, c'est quelque chose de bien, que c'est une valeur. Et on se cache derrière son "LOOK". Ce look, c'est une espèce de carapace provisoire.

**S**oudain, on a des goûts à soi. Le GOÛT DU NOIR, par exemple. Ce ne sont pas les parents qui font porter du noir à leurs enfants. Les vêtements, le maquillage et parfois même la chambre sont noirs. Est-ce une façon de porter – sans le savoir – le deuil de son enfance ? Est-ce se mettre en harmonie avec les idées sombres que l'avenir nous inspire ? Est-ce pour les filles le goût d'imiter leur mère avec leur "petite robe noire" ?

**A** l'adolescence, on se construit une image idéale de soi basée sur les critères de la bande, ses modes, sa morale, ses valeurs. On se sent beau ou on se sent laid dans la mesure où on s'approche ou pas de cette image idéale de soi. Suivre une mode, celle de la bande, c'est une façon de s'affirmer et aussi de porter le costume du groupe, de porter ce que les autres ont décidé de porter. C'est un signe de ralliement, d'intégration. On se sent parfois bien à l'abri dans la mode et dans la bande. Comme on ne se plaît plus, on cherche à se plaire dans le regard des autres.

**M**ais les modes changent sans cesse et les critères de beauté évoluent selon les époques et les cultures. Pour suivre une mode, on en arrive parfois à masquer des choses belles et à montrer ce qu'on a de moins bien.

**Q**uelquefois on est naturellement proche de l'image de soi "à la mode" et c'est supportable. Parfois on en est très loin, et on souffre beaucoup. Par exemple, la silhouette ultra-mince qui était la norme à la fin des années soixante a posé des problèmes dramatiques à bien des adolescentes.

**M**ais on peut jouer avec la mode, l'adapter à sa personnalité, la détourner à son profit. Souvent, parce qu'on ne sait plus qui on est, on a besoin d'attirer l'attention : en se faisant remarquer, on a l'impression d'exister. On provoque pour être regardé. Des filles et des garçons très beaux en envient d'autres qui ne sont pas plus beaux qu'eux, mais qui sont pleins d'assurance et savent se faire remarquer.

Il arrive que le besoin de provoquer, par les vêtements ou le maquillage, rende presque ridicule. Pourtant, c'est important d'oser aller jusque-là. Il faut assumer sa PROVOCATION, supporter les regards, savoir répondre. Mais se faire remarquer peut être dangereux : en attirant l'attention sur ce que l'on n'a pas, on risque de paraître ce que l'on ne se sent pas être, on peut se perdre entre soi et ce qu'on montre.

Le jeu, c'est de faire avec ce que l'on a et de le mettre en valeur, et de faire avec ce que l'on est et de se mettre en valeur. C'est important d'oser se mettre en valeur en n'oubliant jamais que la beauté et le CHARME sont deux choses totalement différentes.

Certains visages qui paraissaient parfaits sur la photo glacée d'un magazine peuvent très vite lasser dans la vie. Alors qu'on ne peut détacher ses yeux d'autres visages, plutôt irréguliers, mais qui s'ouvrent et se transforment sans cesse au cours de la conversation. C'est pourquoi certains "laids" sont si attirants et font tant de ravages…

Le charme opère là où on ne l'attend pas, il surprend pour mieux séduire. C'est là tout le charme du charme. C'est précisément pour cela que l'on est toujours le moins bien placé pour mesurer celui que l'on dégage. C'est d'ailleurs très bien ainsi car, dans le fond, ce n'est pas à nous d'en juger les effets. Le charme est quelque chose de naturel. Il vaut mieux ne pas le truquer. En rajouter, "faire du charme", est un sport dangereux : on risque d'y perdre celui dont on dispose naturellement.

Comme on ne se connaît pas encore soi-même, on cherche à se plaire dans le REGARD DES AUTRES. On est prêt pour cela à se couler dans un moule qui n'est pas fait pour soi. Le pire, c'est que ce moule que l'on croyait si attirant, c'est parfois ce qui va faire fuir celui ou celle que l'on voulait séduire.

De toute façon, la beauté et la laideur dans l'absolu n'existent pas. On peut souffrir beaucoup en découvrant la laideur intérieure chez quelqu'un dont la beauté physique nous avait séduits. On s'est trompé sur lui en croyant qu'il était aussi beau à l'intérieur qu'à l'extérieur. Inversement, il suffit de tomber amoureux de quelqu'un que l'on croyait trouver laid pour s'apercevoir que dès qu'on aime, tout cela ne veut plus rien dire ▮

### Farida, 16 ans

Mon rêve, ce que j'aurais aimé faire, c'est être dans la mode. Être grande aussi, parce que je sais que pour être dans la mode, il faut être grande. Il faut mesurer 1,75 m et puis faire du 38. C'est ça que j'aurais aimé. La taille rêvée pour moi, c'est 1,75 m. J'aurais aimé avoir les yeux verts, être mince aussi, c'est ça le charme. Moi je ne suis pas mince, je fais même du 42, pour ma taille, 1,53 m, je suis un peu grosse. Je pèse 57 kg, ça dépend, des fois je fais 60, ça dépend si je grossis, mais ça c'est à force de rester à la maison. Mais enfin, avant j'étais vachement complexée, maintenant ça va mieux. C'est depuis le stage que j'ai beaucoup changé, parce qu'avant, mes parents ne me laissaient pas sortir, alors si un garçon m'adressait la parole dans la rue, j'avais tout de suite peur.

### Pascal, 17 ans

A notre âge dans l'adolescence on se cherche, c'est là qu'on se forme mentalement et tant qu'on a pas réussi, on se sent plus ou moins laid.

### Séverine, 16 ans

Oser pour moi, c'est faire quelque chose qui sort du banal et qui ne cadre pas avec mon personnage. En effet, au lycée par exemple, on se donne un genre, on s'oblige à paraître quelque chose, on joue la comédie, on est entravé dans des règles strictes de modes de pensée. Oser, c'est enfreindre ces règles, c'est se différencier des autres, du troupeau.

### Antoine, 15 ans

*Affreux, je me sens affreux, les boutons, l'horreur. Il me semble que tout le monde me regarde, je ne sais plus quoi inventer comme look pour être mieux ou pour me cacher. Je ne sais pas, j'espère que ça va passer et vite parce que merci bien… Mes parents disent – enfin ma mère – que ça va passer, mais en attendant, bonjour l'angoisse !*

### Agnès, 17 ans

Je m'estime ni belle ni laide mais comme je suis, je possède ma propre forme de beauté, même si elle ne plaît pas à tout le monde. Evidemment si je suis à côté d'une fille canon qui possède vraiment une grande beauté, il est sûr que je me sentirai inférieure tout en pensant que cette fille pourrait tout aussi bien ressembler à un cochon.
Il est sûr aussi que si je me trouve en face d'un garçon qui me porte de l'intérêt, j'essaierai de me mettre un peu plus en valeur, sans exagérer ▮

Suis-je beau ? Suis-je laid ?

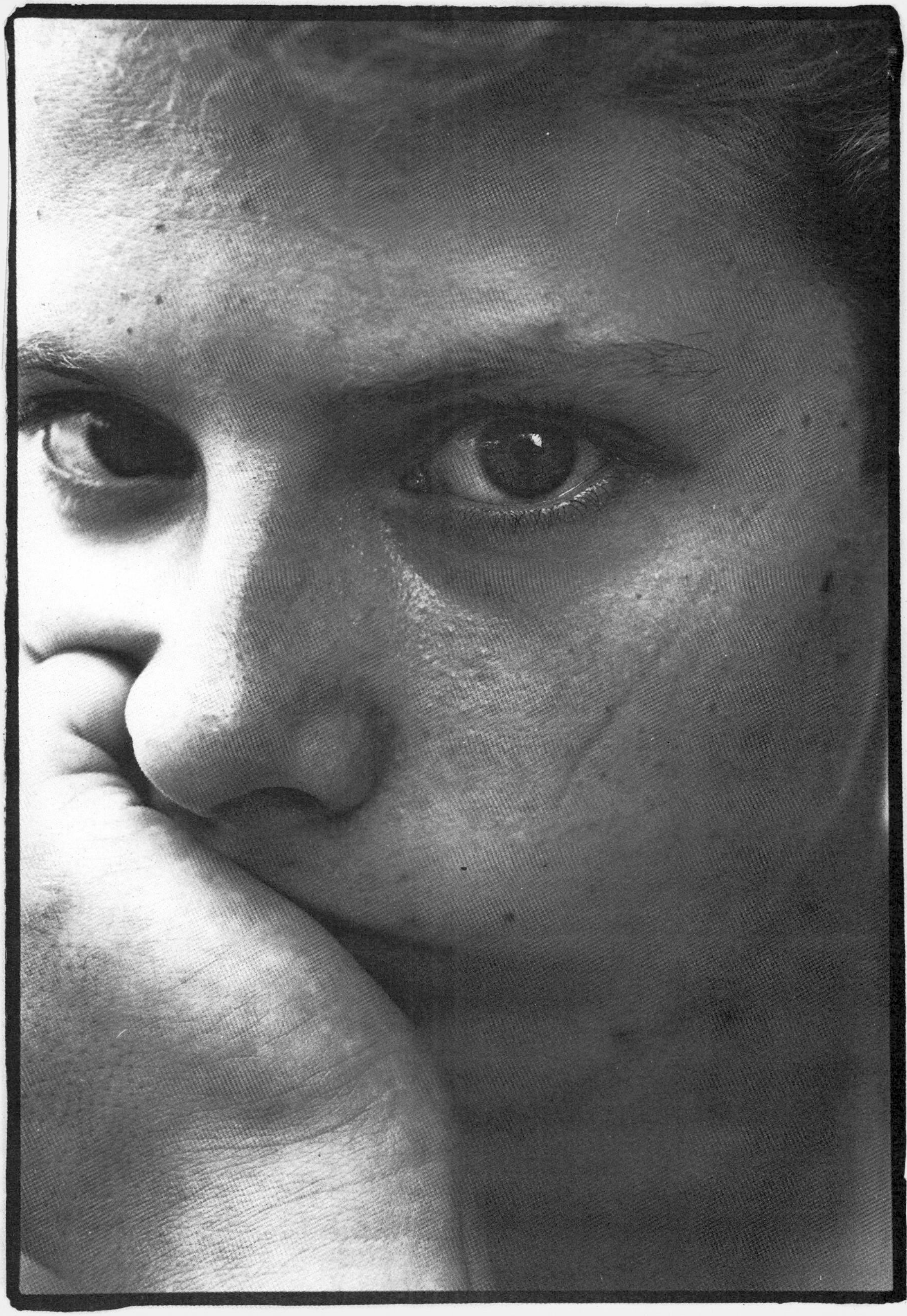

Myr/Le Bar Floréal

Comme on ne se connaît pas encore soi-même
on cherche à se plaire dans le regard des autres.

Alors on se défend par l'extérieur,
par le paraître, par le costume.

Dans tous les cas, l'humour et la tolérance
aident bien à passer les caps difficiles.

Le jeu c'est de faire avec ce que l'on a.

En bande on se sent bien, on a les mêmes repères, un langage codé à soi.

Gladys

Le charme opère là où on ne l'attend pas,
il surprend pour mieux séduire.

Il y a tellement de choses importantes qui questionnent,
qui intriguent et dont on n'ose pas parler.

Quitter l'enfance, faire disparaître l'enfant en nous....

L'adolescence, c'est comme une seconde naissance.

# La sexualité

La sexualité, c'est important pour tout le monde, mais ce n'est facile pour personne. Même pour les adultes. Cela ne va pas de soi, et c'est pourquoi il est toujours difficile d'en parler simplement. Il y a aussi une question de maturité. Penser à la sexualité alors qu'on ne se sent PAS PRÊT à la vivre, cela met mal à l'aise, mais les choses les plus compliquées se simplifient d'elles-mêmes quand elles arrivent au bon moment, c'est-à-dire quand on se sent capable de les vivre.

On parle de la sexualité comme si elle n'existait qu'au moment où on a envie de flirter et de faire l'amour. A vrai dire, la sexualité commence avec la vie. Les tout petits nourrissons éprouvent des émois sexuels et toute notre enfance est marquée par les étapes du développement de notre sexualité. A toutes ces étapes, l'excitation sexuelle se manifeste de façon très différente, mais c'est le même désir qui, quand on grandit, nous attire vers l'autre, vers ceux avec qui on explorera le monde à la fois familier et mystérieux du plaisir sexuel partagé.

Une relation sexuelle heureuse permet une communication très intime, unique. On vit ensemble des choses qui sont au-delà des mots, qu'on ne peut pas décrire, et ce PLAISIR PARTAGÉ crée des liens très forts qui vous transforment l'un et l'autre.

On parle souvent de la vie sexuelle comme si c'était la même chose pour tout le monde. C'est doublement faux. D'abord, chacun de nous est unique, dans sa sexualité comme pour tout le reste. Ensuite, la sexualité des filles et celle des garçons sont très différentes, et cela commence dès les motivations qui les poussent à leur PREMIÈRE EXPÉRIENCE.

Souvent les filles ont envie de plaire, mais surtout de ne pas déplaire aux garçons. Certaines ont aussi envie de NE PLUS ÊTRE VIERGES. Cette première relation sexuelle, si elle est vécue sans se donner, avec seulement l'idée d'une expérience, n'est qu'un corps à corps sans cœur à cœur, et amène rarement au plaisir.

Les garçons cherchent une expérience, et le plaisir est beaucoup plus facile à atteindre pour eux dès les premières relations, car chaque éjaculation est accompagnée d'un orgasme.

Les premiers rapports ne sont pas toujours agréables, surtout pour les filles, même s'il y a beaucoup d'amour. Les choses se font doucement. On découvre progressivement son propre corps et ses désirs.

Il ne faut pas croire que pour les garçons, ce soit plus simple que pour les filles. C'est souvent à eux de prendre les initiatives, avec un corps qu'ils doivent apprendre à connaître et dont ils ne sont pas encore sûrs.

Les filles peuvent toujours faire semblant d'éprouver le plaisir. Elles peuvent mimer ce qu'elles ont vu au cinéma et à la télévision, ou ce dont elles ont entendu parler (et qui est souvent bien loin de la réalité). Les garçons, eux, ne peuvent pas tricher, ce qui les rend très vulnérables.

Mais ce qui fait la grande différence entre les garçons et les filles, c'est la question de la MATERNITÉ. Pendant des siècles, la vie des femmes a été marquée par la maternité. Ne pas avoir d'enfant était très mal vu, en avoir quand il ne fallait pas était dramatique.

Nos arrière-grand-mères et nos grand-mères risquaient leur vie en accouchant, nos mères ont vécu dans la peur de la grossesse non désirée et de l'interruption volontaire de grossesse.

De nos jours, la contraception a modifié les choses, mais nous, les

paroles pour adolescents ou le complexe du homard

femmes d'aujourd'hui, avons hérité de tout cela sans nous en rendre compte.

La maternité désirée et refusée, c'est quelque chose que les femmes vivent dans leur corps au quotidien. Même chez les filles très jeunes, il y a un désir de maternité mais tant qu'on ne peut l'assumer, il est bien préférable de ne pas avoir d'enfant.

Il y a là une dimension physique qui est très différente de ce qui se passe chez les hommes. L'acte physique engage beaucoup plus les femmes que les hommes. Les hommes ont des quantités d'éjaculation qui ne mènent à rien. La paternité ne viendra que par la médiation d'une femme attachée à eux, et non par le simple fait d'avoir fait l'amour avec quelqu'un. Tandis que pour une femme, être pénétrée par un homme qui lui donne, à l'intérieur d'elle, sa semence qu'elle cherchait comme preuve d'amour c'est, à chaque fois, une ouverture sur l'avenir.

Le sexe des hommes et le sexe des femmes sont très différents et sont complémentaires. Ce qui explique qu'ils vivent différemment leur sexualité.

Dans l'acte sexuel, pour la femme, ce qui domine c'est l'accueil et le don. Pour l'homme, c'est de pénétrer et de faire jaillir le sperme. Ce qui est une autre façon de donner, très différente. Les orgasmes des femmes sont plus variés et peuvent être très rapprochés, alors que l'homme, lui, est obligé d'attendre un certain temps avant d'avoir une nouvelle érection nécessaire à un nouvel orgasme.

Chez les humains, pour que l'espèce continue, la jouissance de l'homme est une nécessité alors que la jouissance de la femme n'est pas nécessaire : biologiquement, pourrait-on dire, elle est un plus.

L'ABANDON au plaisir, chez les filles, peut être accompagné d'un relâchement musculaire total. Alors que les garçons, pour faire l'amour, ont besoin d'une certaine violence. Chez eux, il y a toujours même au bord de l'abandon, jusqu'à l'orgasme, la nécessité d'un certain tonus dans les muscles. Cela donne des sensations très différentes. La façon de "perdre la tête" n'est pas la même.

Mais cette violence, qui fait partie du jeu dans l'acte sexuel, est une "tendre guerre", car il y a aussi la tendresse et c'est elle qui permet de se guider l'un l'autre sans fausse pudeur.

Derrière tout ce qui est humain, il y a toujours la rencontre de l'autre. LES CARESSES SONT UN LANGAGE, la tendresse pour l'autre guide les mains. Pour les femmes, les caresses avant et pendant la pénétration sont très importantes, mais souvent les hommes ne le savent pas et ils ne peuvent le découvrir si on ne le leur dit pas. En amour, c'est toujours mieux de guider l'autre, surtout quand on se découvre. Il n'y a pas de honte à cela. Il ne faut pas avoir peur de se laisser regarder ou d'OUVRIR LES YEUX SUR L'AUTRE. Plus de passivité ni de silence. Apprendre à faire l'amour, pour une fille, c'est apprendre à guider son partenaire pour qu'il l'amène au plaisir. Pour un garçon, c'est APPRENDRE À DONNER DU PLAISIR à sa compagne, à prolonger ce plaisir, et à lui montrer comment le caresser, lui qui a un sexe si différent du sien.

Faire l'amour, cela peut être une rencontre authentique, qui vous change. Mais cela peut être aussi une occasion manquée que chacun vit tout seul de son côté en guettant son plaisir sans s'occuper de celui de l'autre. Ce qui, finalement, vous éloigne l'un de l'autre. Il ne faudrait jamais se contenter de cela.

Tricher sur l'orgasme, par exemple, paraît une facilité pour les femmes. C'est un grand piège, car une fois que l'on a commencé, c'est difficile d'en sortir. On s'occupe du THÉÂTRE que l'on fait pour l'autre. Il n'y a pas de rencontre et dans cette supercherie, on se retrouve victime de sa propre stratégie.

Mais pourquoi est-ce si difficile de parler simplement du plaisir avec son partenaire ? Peut-être que ce qui nous rend incapables d'en parler, c'est le souvenir de la masturbation. Souvent, c'est par la masturbation qu'on a découvert son propre sexe et la meilleure façon d'accéder au plaisir. C'est peut-être pour cela qu'on a HONTE d'en parler avec l'autre.

La masturbation est une activité naturelle chez les humains. Les enfants tout petits commencent à se masturber. Certains s'en sentent très coupables, d'autres moins, heureusement. Cela dépend de la façon dont on leur en a parlé. La masturbation, c'est quelque chose dont se méfient les adultes dans l'éducation des enfants.

Ensuite, quand l'enfant grandit, il y a une période d'accalmie de plusieurs années pendant lesquelles il ne s'intéresse plus du tout aux choses du sexe. On va même jusqu'à oublier complètement que l'on s'est masturbé un jour.

Et c'est à la puberté qu'on redécouvre la masturbation, quelquefois par hasard, parce que le corps se manifeste et que c'est un moyen d'apaiser une TENSION SEXUELLE qui s'ignore.

A chaque poussée de développement du corps correspond une poussée d'impulsions, de désir et de désirs sexuels qui conduisent souvent à la masturbation. La masturbation, pour certains, est le moyen de découvrir et connaître son sexe et sa sexualité. C'est un moment à dépasser, c'est le signe que quelqu'un évolue.

L'être humain est autant fait de ces pulsions que de "belles pensées" élevées. Elles soutiennent toute la nature humaine, c'est la poésie animale du corps. Il ne faut ni les mépriser, ni les gâcher.

Alors ni honte ni ironie ne sont de mise. On peut bien en rire ensemble, mais il ne faut jamais se moquer de ceux qui se masturbent. Là encore, il y a des différences entre les hommes et les femmes. La masturbation féminine est plus variée et plus secrète aussi, comme si elle était plus honteuse. Alors qu'entre hommes, c'est une chose dont on parle très librement, avec humour.

Ce dont il est important de se méfier, c'est du cinéma imaginaire, des fantaisies mentales qu'on appelle les fantasmes et qui accompagnent la masturbation. Ces fantasmes, ces imaginations sont culpabilisants, soit parce que ce sont des images violentes, soit parce qu'ils évoquent l'époque où nos parents touchaient notre sexe de façon banale lors de notre toilette ou d'un changement de couches, sans intention sexuelle de leur part. Ces fantasmes renvoient tout simplement à une époque normale et nécessaire du développement de la sexualité de tout être humain.

Mais le plus important et le plus dangereux, c'est qu'ils nous coupent des autres. On ne va pas vers d'autres "vrais", mais vers d'autres "imaginaires". C'est comme si on se "fréquentait" soi-même, et cela peut rendre de plus en plus timide avec les autres. Et puis les fantasmes entraînent le dépit, on se retrouve "Gros Jean comme devant". De telles images exaltantes se finissent avec un moment de jouissance physique et après, on se retrouve tout seul, con, tout seul.

La tension sexuelle qui, sans que nous en ayons toujours conscience, nous pousse à aller vers les autres, à rechercher les vraies rencontres en triomphant de notre timidité, on l'assouvit tout seul avec des RENCONTRES IMAGINAIRES. Le résultat, c'est que la satisfaction par les seules images rend plus solitaire celui qui n'ose pas aller vers la personne qui l'attire.

Si on décharge toute son énergie comme ça, pour se libérer de cette tension, on n'a plus de courage pour aller vers les autres. Et puis on se sent bête, parce qu'on a peur que ça se voit sur la figure. Ce qui est faux, bien sûr... Du coup, la tension retombe et on se renferme de plus en plus sur soi-même. On se réfugie dans un monde qui n'appartient qu'à soi, on s'y enferme et au total, c'est un appauvrissement dangereux, alors que l'adolescence est une période où on a tout particulièrement BESOIN DE RENCONTRES avec les autres. C'est surtout piégeant pour les filles et les garçons qui ne se croient pas beaux et n'ont pas confiance en eux. Les pulsions qui attirent vers l'autre ne doivent pas être bloquées par ce sentiment de non-valeur.

La masturbation, ce n'est pas dramatique. Ce qui est dramatique, c'est de s'en contenter. Le plaisir partagé, c'est quand même beaucoup mieux que le PLAISIR SOLITAIRE. Mais parfois, quand on fait l'amour avec quelqu'un, on reste centré sur soi-même comme si on se masturbait. On est alors plus seul que si on était vraiment seul, parce que c'est comme si on se masturbait avec le corps de l'autre. Il ne suffit pas d'être deux pour être ensemble.

Parler de sa sexualité avec les parents, c'est pratiquement impossible. Et quand on y réfléchit bien, c'est beaucoup mieux comme ça. Parler de sexualité avec les parents, cela peut faire venir des images qui peuvent terriblement gêner. Bien sûr, imaginer, ce n'est pas aussi grave que faire, mais cela peut mettre très mal à l'aise d'imaginer le corps à corps sexuel des parents.

En langage savant, on appelle ça un fantasme incestueux.

L'INCESTE, c'est la relation charnelle entre proches parents (parents/enfants, frères/sœurs). C'est interdit dans toutes les sociétés humaines, mis à part quelques très rares exceptions au cours de l'histoire. Non seulement c'est un interdit social, mais c'est un interdit religieux, dans toutes les religions. C'est donc un TABOU. Le transgresser, ne serait-ce qu'en imagination, peut nous troubler profondément.

Ce qui est difficile, voire impossible, c'est d'imaginer la relation sexuelle dont on est issu. Dans laquelle on était participant authentique à travers notre désir d'en naître, puisque nous sommes là, tout entier, avec notre désir inconscient de vivre, dès la conception. Penser que l'on était plein de désir à une période à laquelle on ne peut même pas se penser, c'est très troublant. On y était, mais comment est-ce qu'on y était ?

N'empêche qu'il y a toujours un moment où on se demande si on est né d'une relation dans laquelle nos parents ont pris du plaisir ou pas. On se demande si on est des enfants de l'amour, des enfants d'amants.

Il y a des familles où tout ce qui touche à la sexualité est considéré comme sale ou défendu. On ne sait plus alors si on est un enfant de l'amour ou un enfant de la FAUTE. Dans ces familles-là, on devient doublement fautif d'imaginer ses parents "en pleine faute".

Au contraire, il y a des familles où des parents "copains" parlent à tort et à travers de leur sexualité et cherchent à se mêler de celle de leurs enfants. C'est difficile de ne pas tomber dans ce type de relation quand les parents mènent des vies séparées.

Des PARENTS COPAINS qui veulent trop en savoir sur notre sexualité, c'est parfois beaucoup plus piégeant à la longue que des parents trop rigides qui ne veulent pas en entendre parler.

Ce qui se passe dans une relation d'amour authentique est mystérieux et incommunicable. C'est une ouverture sur l'inconnu qui n'appartient qu'au couple, à lui seul et à personne d'autre. En être le fruit n'implique pas le droit de le partager. La génération antérieure n'a pas à se mêler de la sexualité de la génération suivante et vice versa.

La sexualité, ce n'est pas quelque chose que l'on peut partager avec ses parents, même si c'est merveilleux de pouvoir leur demander un conseil de temps en temps.

Malheureusement, la peur du Sida amène beaucoup de parents qui n'avaient jamais parlé d'amour avec leurs enfants à être très précis sur l'utilisation des préservatifs masculins. Et voilà des familles où on parle abondamment de sexe et de CAPOTES, mais toujours pas d'amour !

Pourtant si la démonstration de l'usage des capotes par des parents effrayés peut être sinistre, leur utilisation au bon moment par des jeunes qui s'aiment peut se faire dans la complicité, la tendresse et l'humour.

L'HOMOSEXUALITE, c'est l'attraction sexuelle pour quelqu'un du même sexe, qu'il ne faut pas confondre avec la pédérastie, qui est l'attraction sexuelle des adultes pour les enfants. Ce sont deux choses très différentes.

Il y a de l'homosexualité chez chacun de nous mais sans que nous en ayons conscience et sans que nous ayons envie de passer à l'acte. Elle fait partie des forces qui soutiennent l'amitié. A l'adolescence, des attirances conscientes, des élans affectifs pour quelqu'un de notre sexe, des "FLAMMES", arrivent à tout le monde.

Elles sont passagères et il ne faut pas s'en affoler. Il ne faut surtout pas croire que si une fois on a été amoureux de quelqu'un du même sexe, ou simplement attiré, on est homosexuel. Il arrive même que l'on éprouve des émois physiques face à quelqu'un du même sexe. Parce qu'on se sent coupable, on garde cela pour soi, on croit qu'on est homosexuel et qu'on ne va plus oser aller vers l'autre sexe. Quand on est ennuyé par un tel secret, on a besoin d'aide, on peut en parler à un adulte de confiance ou un médecin.

Ce ne sont que des moments et il ne faut pas prendre le provisoire pour du définitif.

Parfois quand on se sent laid, on n'ose pas aller vers l'autre sexe. Cela peut entraîner le repli vers l'homosexualité comme un refuge. Là encore, il s'agit de passages qui peuvent être nécessaires et il ne faut pas se moquer d'un camarade qui passe par un moment homosexuel, ni l'enfermer dans ce rôle. Certains enfants ont été élevés par leurs parents comme s'ils n'étaient pas du sexe qui est le leur. Il leur faut du temps pour se sortir de ça ! Il faut aussi se méfier des apparences. Des filles très masculines d'aspect peuvent être très féminine dans leur sexualité, des petits gringalets, des "pas Tarzan", sont souvent très virils et les gros balèzes, pas du tout. Pour certains – hommes ou femmes – l'homosexualité est un état définitif. C'est souvent compliqué à vivre, mais ce n'est ni bien, ni mal, ni honteux, ni dramatique. On peut réussir sa vie comme ça aussi.

Quand c'est quelqu'un de plus âgé qui nous initie à l'homosexualité, on peut éprouver une très intense sensation de plaisir et d'amour comme quand on était petit avec ses parents. Cela peut faire régresser à un âge où on pouvait croire que les grandes personnes ont tous les droits et ont toujours raison. Cette dépendance vis-à-vis de quelqu'un qui vous ôte votre LIBERTÉ et votre sens critique, c'est un des grands pièges de l'homosexualité entre jeune et adulte. Accepter cette DÉPENDANCE, c'est se détourner de son développement ▮

---

**Anne, 16 ans**

La sexualité, c'est un peu comme grandir pour moi. C'est l'étape où son corps devient celui d'une femme et par le geste de faire l'amour avec un garçon, on s'affirme. Et puis la sexualité, c'est aussi les contraceptifs, la peur d'avoir un enfant sans l'avoir voulu, même avec l'amour.

**Delphine, 14 ans**

Être vierge à 18, 19 ans, c'est "la honte" à notre époque, ça veut dire que t'es pas comme tout le monde, ou que tu es trop boudin, et de toutes les façons, les garçons disent : "Si tu veux pas coucher, je te gerbe."

**Carole, 15 ans**

J'ai besoin qu'un garçon me touche, sinon je pense que je suis morte. J'ai toujours besoin d'un garçon, même des fois plusieurs. Y'en a qui disent que je suis "pute", c'est pas vrai, j'ai besoin qu'on m'aime et qu'on me le montre, voilà. Enfin, je ne sais pas bien ce que je veux.

**Blandine, 14 ans**

Moi je ferai ça quand je me sentirai prête, pas avant. Les autres font pas ça par envie ou par plaisir, mais parce qu'elles ont la trouille des garçons. Alors là, moi je te jure, j'ai pas la trouille des garçons. Au contraire, c'est eux qu'ont la trouille de moi, et en attendant je ne le ferai qu'avec un que j'aimerai vraiment.

**Gilbert, 17 ans.**

C'est vrai que depuis quelque temps mes cops et moi, on adore être obscènes. On passe notre temps à dire des trucs vraiment dégueux. Je ne sais pas trop pourquoi, mais alors qu'est-ce que ça nous fait poiler ! Mon père dit que c'est l'âge, je suppose qu'il sait de quoi il parle… C'est vrai qu'il circule pas mal en ce moment des revues… tu vois ce que je veux dire… Enfin moi, j'en achète jamais (je ne sais pas où on se les procure) mais mon copain, il en a plein. Faut bien reconnaître que toutes ces histoires-là, ça nous perturbe un peu ▮

# L'amour

Avoir la possibilité de nouer de véritables relations amoureuses, c'est une nouveauté vraiment importante. Mais c'est difficile, parce qu'on se heurte souvent à l'incompréhension des adultes et de la société, qui ont peur des sentiments qui les troublent, les débordent et remettent en question leur façon de vivre. C'est vrai que la GÉNÉROSITÉ et la FORCE qui marquent les amours débutantes contrastent dramatiquement avec l'image du couple et de l'amour que renvoient souvent les adultes. Difficile de garder un idéal d'amour devant un tableau si souvent sinistre dans lequel l'avocat et ses mises en demeure remplacent Cupidon et ses messages fléchés ! Voilà une des raisons pour lesquelles l'adolescence est un chemin qui va de désillusion en désillusion.

On aborde la vie adulte en découvrant qu'elle est le lieu de toutes les contradictions, alors qu'on pensait qu'elle était chargée de sens, de plénitude, de certitude et de liberté. Dans ce désarroi, on a besoin de repères, on est sensible à toutes les influences, et les rencontres hors de la famille prennent une grande importance. Elles peuvent apporter le meilleur comme le pire. Raison de plus pour se méfier et se défendre, encore plus que dans l'enfance, des discours de ceux qui vous abreuvent de bons conseils parce qu'ils s'emmerdent, qu'ils ne supportent pas d'être tout seuls dans leurs propres difficultés et qu'ils sont trop contents de trouver un public.

La vie met souvent notre idéal de fidélité à l'épreuve. Quand deux êtres sont faits l'un pour l'autre, la fidélité a un sens. Mais il ne faut pas confondre l'amour et les expériences amoureuses. Quand on s'est trompé de partenaire et quand on n'est pas ou plus dans l'amour, s'imposer la fidélité au nom d'un idéal, c'est de la névrose. C'est dur de se dire tout cela. Pour l'accepter, il faut avoir le courage de ne pas se bourrer le crâne sur des amours qui n'en sont pas. Le vrai courage, c'est parfois de rompre.

Mais comment reconnaître l'amour ? La JALOUSIE n'est pas une preuve d'amour mais d'immaturité. Si on y réfléchit bien, beaucoup de nos chagrins d'amour sont des chagrins d'orgueil. Quand on est amoureux, on a des ailes. On se découvre une fantaisie, une capacité d'invention, on voit de la poésie là où on n'en avait jamais vu. On se surprend soi-même. On se fait du bien l'un à l'autre quand on est ensemble. On se sent plus libre, plus beau, avec plus de projets et plus de capacité pour les mener à bien. On ne se sent pas ramolli, envahi par le rêve.

Si on se sent coincé dans une relation, si on n'ose pas être comme on est, c'est qu'il y a quelque chose qui n'est pas de l'ordre de l'amour. Il faut avoir le courage de s'en apercevoir assez vite au lieu de continuer à traînailler dans une relation qui n'a plus de sens, par économie de souffrance.

Dans la relation amoureuse, il y a des tactiques d'approche, on peut jouer à se surprendre l'un l'autre. Tout cela appartient au jeu et à la CRÉATIVITÉ AMOUREUSE, et si on peut parler de stratégie, c'est d'une stratégie menée dans le respect de l'autre pour faire avancer la relation, pour chercher et découvrir l'autre. Mais quand on ne se sent pas tout à fait en CONFIANCE, on peut se demander si on est vraiment dans une relation d'amour. L'amour et la confiance, cela va obligatoirement ensemble. C'est pour cela que c'est très important de ne pas s'autoriser à être double, à dire une chose et à en penser une autre dans le fond de son cœur, comme si on gardait le profond de ce que l'on pense pour soi-même, en excluant l'autre sans qu'il le sache. Quelquefois on ne peut pas faire autrement. Mais quand on peut le faire et qu'on ne le fait pas, on prononce alors des paroles qui ne sont plus des paroles d'amour mais des paroles purement stratégiques. Toute stratégie qui vise à dissimuler, à se masquer, à ne pas se donner entièrement, à faire du flou autour de soi pour se protéger, tue alors la relation.

De toute façon, en amour, en amitié, comme dans toutes les relations humaines, il faut se méfier des paroles stratégiques.

Utiliser le chantage pour piéger l'autre, lui faire croire qu'on est avec quelqu'un d'autre pour le rendre jaloux, ou faire croire qu'on est quelqu'un d'autre pour l'accrocher, ce sont des procédés. C'est le contraire de l'amour parce qu'en fait, on n'aime que soi-même à travers l'autre. Ce n'est ni bien ni mal, c'est tout simplement immature.

Allumer quelqu'un, c'est lui faire croire qu'il nous plaît alors qu'on sait très bien qu'on n'en veut pas vraiment et qu'on n'ira pas jusqu'au bout. Cela peut paraître amusant d'allumer quelqu'un. Il y a quelque chose de rassurant dans le fait d'exercer son pouvoir de séduction. Mais quand on séduit, on prend le risque de s'impliquer vraiment dans une relation avec l'autre. Et dans une relation, ce qui est important, c'est la rencontre. Dans l'allumage, il n'y a pas de rencontre.

Allumer, c'est faire un CALCUL, dans le but de SE REFUSER, même si l'on n'en a pas conscience. C'est dénier l'autre sans donner, l'utiliser pour sa satisfaction personnelle, pour essayer son pouvoir. C'est "accrocher" quelqu'un, le prendre à l'hameçon, comme on a pu le voir faire au cinéma ou à la télévision.

Parfois, et même bien souvent, tout ce petit jeu sefait inconsciemment. Mais c'est un JEU DANGEREUX, pour l'allumeur comme pour l'allumé. L'allumé peut croire aux sentiments qu'on lui joue. Il peut croire qu'on le désire vraiment. Il en sera peut-être flatté dans un premier temps. Mais quand il se rendra compte qu'il n'a été pour l'autre qu'un objet de plaisir, quand il se retrouvera laissé pour compte, il en sera d'autant plus déçu et humilié. Et l'humiliation peut provoquer la colère et le désir de vengeance.

Quand on allume, on est souvent dépassé par l'étendue du désastre. On peut DÉCHAÎNER DES FORCES et des passions violentes et dangereuses. C'est d'autant plus périlleux quand celui qui a subi l'humiliation possède une force physique. Il peut en abuser et contraindre l'autre à lui donner ce qu'il avait cru pouvoir espérer. Quand le "yeti" (la part animale de l'humain qui sommeille en chacun de nous) est réveillé, il arrive qu'il ne soit plus contrôlable.

Allumer, c'est souvent une façon maladroite d'apprivoiser son pouvoir de séduction. C'est un comportement encore immature, qui peut être occasionnel, et marquer une étape dans l'affirmation de soi. Mais une fois qu'on a compris de quoi il s'agissait, on peut changer et mettre fin à ces jeux dangereux.

L'amour est plein de pièges. Il faut beaucoup d'amour et souvent de patience pour les déjouer.

Dans l'amour, il y a toujours de la tendresse, mais il peut y avoir de la tendresse sans amour.

Dans l'amour, il y a répétition des valeurs d'aimer de son passé. Nous avons tous été marqués dans les débuts de notre vie par le désir de fusion avec papa-maman. C'est pour ça que l'AMOUR-FUSION est si attirant. Et c'est pour ça aussi qu'on reproduit sans s'en rendre compte un couple identique – ou diamétralement opposé, ce qui revient au même – à celui que formaient nos parents.

Par amour, on peut aller jusqu'à la faiblesse de laisser l'autre dire et faire des choses avec lesquelles on n'est pas d'accord, sans rien dire, par crainte qu'il vous laisse tomber. Mais il n'y a rien de pire dans l'amour que de devenir comme des jumeaux qui pensent toujours la même chose.

L'amour se nourrit de la DIFFÉRENCE et de l'énergie que suscite la compréhension de cette différence ainsi que de l'estime d'une personne qui ne pense pas comme vous. Alors que souvent on croit que l'amour, c'est accepter la mainmise de la pensée de l'autre sur la sienne.

Il faut toujours garder sa LIBERTÉ DE PENSER, ne jamais renoncer à son idéal sous prétexte que la personne que l'on aime voudrait vous voir différent.

L'adolescence, c'est L'ÉPOQUE DES PASSIONS. On confond souvent la passion et l'amour, mais dans la passion, il n'y a pas de tendresse. La passion est faite de désir et de POSSESSION autant imaginaire que réelle. Le passionné veut posséder jusqu'aux pensées de la personne qu'il dit aimer.

Dans la passion, il n'y a pas de RESPECT. C'est pour cela qu'elle est, au bout du compte, plus destructrice que constructive. Mais de passion en passion, on finit peut-être par comprendre ce que c'est que l'amour.

Le mariage est un lien symbolique important, mais c'est aussi un lien social dont les modalités varient beaucoup selon les époques et les cultures. Dans certaines sociétés et à certaines époques, le mariage et l'amour étaient – et sont encore – totalement dissociés l'un de l'autre, ce qui est une extrémité douloureuse.

Ce qui change, ce sont les lois qui régissent la vie des couples, et non les liens qui, plus profondément, unissent un homme et une femme.

L'amour véritable est une des forces les plus puissantes qui soient, plus forte que le temps, la mort ou les lois. On le retrouve identique dans tous les lieux et toutes les époques ▮

paroles pour adolescents ou le complexe du homard

### Nicolas, 16 ans

L'amour à mon âge, ça tient plutôt de la recherche. C'est passager, ça ne peut être que passager, c'est les découvertes de l'attirance physique par rapport à une personne de l'autre sexe, jusqu'au jour où l'on doit rencontrer la "bonne" personne.

### Françoise, 17 ans

L'amour, c'est lui qui me rend belle... L'amour me donne confiance en moi, enfin en grande partie. Il est très agréable de sentir qu'on a besoin de vous et que l'on vous fait confiance et qu'en même temps vous avez quelqu'un sur qui vous appuyer, sur qui compter.

### Patricia. 16 ans

*J'ai des messages, des SOS*
*Des grandes idées, de fausses*
*promesses.*
*Je vois un nuage qui va et me laisse*
*Je veux exister, je veux des caresses*
*Oublie un peu mes airs comme ça !*
*Je ne ressemble à rien de cela*
*Je ne fais pas de mal*
*La douleur est en moi*
*Et quand j'ai mal*
*Je dis que c'est le foie*
*Je crois très fort à l'absolu*
*A la perfection, aux passions émues,*
*Demande pas pourquoi, je ne sais pas*
*Demande rien, regarde-moi*
*Ne dis plus rien, juste aime-moi*

### Christian, 16 ans et demi

L'amour, sentiment assez inexplicable, encore moins facile à comprendre que l'amitié... C'est un peu comme le loto : il y en a qui attendent toute leur vie le bon numéro etne trouvent jamais rien et il y en a qui ont banco tout de suite. Et il existe des stades intermédiaires : ceux qui gagnent mais seulement la moitié du lot.

### César, 17 ans.

Il faut dire aussi que je suis assez seul, et puis j'ai un esprit curieux, je fais beaucoup de mélo, j'ai tendance à dramatiser, je suis pessimiste, quoi. Vraiment bien, bien pessimiste. Enfin, il y a des jours où je suis bien, oui, mais il y a d'autres jours... Je pense quand même que si j'avais une amie, ça irait déjà mieux.

### Ali, 16 ans

Avec mes amis, nous traînons dans les rues, nous allons à la plage, pour évoquer des souvenirs d'enfance, pour se faire des amis, surtout pour rencontrer une fille et essayer de sortir avec elle.
A notre âge, on est souvent à la recherche d'autres connaissances, spécialement de filles. On veut se sentir comme les autres, éprouver des sentiments, partager notre amour avec celle qu'on aime.

### Betty, 16 ans

Avant de me marier, je voudrais vivre avec mon ami pour voir si ça se passe bien. On ne sait jamais, s'il venait à me taper ou tout ça, je ne pourrais pas supporter, moi, surtout que j'aime bien la liberté.

### Karine, 15 ans

*J'estime qu'une personne qui en aime une autre doit être fidèle envers cette personne. Pour moi l'amour s'assemble avec fidélité, confiance, tendresse, amitié et tout ce que deux êtres qui s'aiment peuvent avoir en commun.*

### Dominique, 16 ans

*L'amour, c'est une chose essentielle à mon avis, car ça me donne de la joie, je me sens bien moi-même, je me sens autre... Il y a aussi l'amour que je me fixe, ça me donne un but, je trouve ça un peu ridicule, mais en même temps ça m'amuse.*

### Claudie, 17 ans

L'amour, c'est aimer l'autre plus que soi-même, c'est le respect et l'admiration de l'autre. C'est une aventure formidable.

### Guillaume, 17 ans

J'ai compris une chose, c'est que dans les rapports amoureux, le physique m'importait peu. Quand on connaît vraiment bien la personne, on finit par trouver tout le monde beau.

### Fanny, 16 ans

Avec l'être qu'on aime, on passe des moments qui n'ont rien à voir avec les moments passés avec amis ou copains. Je ne parle pas que physiquement, bien sûr.

### Ingrid, 16 ans

Les amours, ils viennent, ils repartent. On se rencontre, on se jure qu'on s'aimera très longtemps puis on se quitte parce qu'on ne se supporte plus... L'amour à notre âge ne doit pas être pris au sérieux, je ne pense pas que l'on puisse trouver l'amour de notre vie à notre âge. C'est d'ailleurs pour ça que je me passe bien mieux de l'amour que de mes amis, enfin de l'amour que l'on vit à notre âge, pas de celui dont je rêve... J'espère qu'un jour ça m'arrivera, mais je ne me sens pas encore prête ∎

# L' amitié

L'amitié, c'est absolument essentiel, surtout pendant une période durant laquelle on change les rapports que l'on entretient avec sa famille.

On se cherche un DOUBLE pour se sentir plus fort, un confident pour partager les difficultés, une ÂME SŒUR pour les adoucir dans la fraternité, un ALTER EGO qui vous soutienne et vous aide à avancer.

On cherche aussi un miroir vivant pour se conforter, parce que l'on n'est pas sûr de soi. Quelquefois, on cherche aussi à retrouver un sentiment de fusion, comme avec ses parents quand on était petit alors que l'on croyait encore que cette relation d'amour avec eux était indestructible.

L'image que le groupe, la BANDE, se fait de nous nous paraît vitale par moments. On cherche à s'identifier, à être pareil aux autres. De peur d'être rejeté, on s'identifie à ses amis. C'est difficile, parce qu'en fait, pour qu'un groupe fonctionne et soit vivant, il faudrait plutôt être complémentaires.

On a peur des DIFFÉRENCES comme si elles menaçaient le groupe alors qu'elles le construisent. Il y a un équilibre que chacun doit trouver entre être assez "comme le groupe" pour en faire complètement partie et garder sa singularité, sa personnalité pour rester soi-même.

La véritable amitié, celle qui peut durer, commence quand on peut dire à l'autre : "TU N'ES PAS COMME MOI, tu as raison d'être comme tu es, et je t'aime bien d'être autrement que moi."

Des COPAINS, on en a plein. Des VRAIS AMIS, c'est beaucoup plus rare. Certains disent que dans une vie, on compte ses véritables amis sur les doigts d'une main. Quand on n'arrive pas à nouer des liens d'amitié, il faut se poser des questions et peut-être aller en parler à des adultes en qui on a confiance.

Être copains, c'est bien quand on partage les mêmes activités. Mais derrière une amitié, il y a une vraie rencontre, quelque chose qui fait qu'on n'est plus le même qu'avant cette rencontre. Les adultes qui n'ont pas d'amis, mais seulement des camarades de travail ou des copains n'ont plus personne le jour où ils n'ont plus de travail.

C'est triste d'avoir des parents qui ne ramènent jamais d'amis à la maison, on manque d'ouverture sur la vie et c'est difficile et même impossible pour ces parents-là de comprendre combien l'amitié est une valeur importante tout au long de la vie. D'un autre côté, quand on a des parents qui brassent énormément de copains mais n'ont pas de vrais amis, ça paraît plus vivant mais ça revient au même.

La véritable amitié donne la force de s'aventurer, de penser loin, de s'engager. C'est peut-être pour cela que les adolescents disent presque tous que l'amitié est la chose la plus importante de leur vie. Et tout cela est possible parce que, dans l'amitié, on se sent FORTIFIÉ par la sécurité et la confiance en nous que nous apporte la CONFIANCE d'un autre que l'on respecte et à qui l'on peut tout dire, même ce dont on n'est pas fier, en sachant que cela sera accueilli avec tolérance.

La confiance est une valeur essentielle dans l'histoire de l'humanité parce que c'est un appui que l'autre vous donne et sur lequel on fonde un sentiment de sécurité. A partir de là, toutes les grandes envolées sont possibles. La blessure que l'on éprouve quand on est TRAHI dans sa confiance est très douloureuse.

Ce qui est compliqué, c'est que toute notre société – et donc toute notre éducation – est basée sur la confiance. Tout notre système économique repose là-dessus. Tout est garanti a priori par l'idée que tout le monde est honnête : chèques, cartes bleues, réservations par Minitel, titres de transport etc.

Mais la vie quotidienne nous montre le contraire chaque jour et ce sont les adultes, ceux qui ont la responsabilité de nous éduquer qui, les premiers, trahissent notre confiance et ne tiennent pas leur promesse. Et cela sans même que l'on puisse en parler, ce qui rend la chose encore plus troublante. On se rend compte qu'il y a une différence entre ce que les gens disent, ce qu'ils écrivent et ce qu'ils font. On ne dit pas ce que l'on pense, on ne fait pas ce que l'on dit. Quand la PAROLE DONNÉE ne vaut rien, tout le monde a l'air de trouver cela normal ! Vous avancez dans la vie avec confiance, et tout à coup vous vous heurtez à une tricherie légalisée, dans une société qui rend la justice mais dont les institutions, bien souvent, détournent les lois. Tout le monde le sait, personne n'en parle ouvertement et ça continue comme ça.

Cela ressemble à la loi de la jungle, mais pourtant, on ne peut pas vivre entre humains sans confiance. Seule la confiance permet des rencontres qui aident à vivre. Et c'est vous qui êtes l'avenir… C'est pour cela qu'il est si important d'avoir de vrais amis avec lesquels on PARTAGE les idées d'honnêteté.

La FIDÉLITÉ, c'est l'autre pilier sur lequel repose l'amitié. C'est sur le sentiment de la fidélité de l'autre que nous basons notre confiance, mais c'est souvent seulement dans les moments difficiles qu'on peut en prendre la mesure.

Quand tout va bien, la fidélité, c'est facile. Mais être fidèle, ce n'est pas être aveugle et accepter tout de l'autre sans ESPRIT CRITIQUE. Si on sent que l'on doit être infidèle à soi-même pour ne pas trahir un ami, c'est dramatique.

Quelquefois on est amené à faire quelque chose que l'autre va considérer comme une trahison. C'est dur, mais si on en parle, si on explique en quoi la fidélité à soi-même est menacée, cela peut enrichir l'amitié au lieu de la détruire.

Être trahi par un ami, c'est une vraie souffrance. Mais souvent, il n'y a pas de trahison du tout. Seulement une erreur de notre part : on a pris un copain pour un ami. On s'était TROMPÉ DE RELATION. Ça fait très mal, mais y a-t-il un autre chemin pour comprendre peu à peu ce qu'est véritablement l'amitié ? Quand on a été déçu par une amitié, on est tenté de s'installer dans l'amertume et de ne plus croire à rien. Au lieu de se risquer à nouveau, ce qui est la seule façon de rester dans la vie.

Quand deux copains sont amoureux de la même fille, ou deux copines du même garçon, ça fait des histoires. Mais quand ce sont des amis, cela peut être déchirant, vraiment dramatique, surtout si, par malheur pour eux, leur amour commun aime jouer de la situation. Les CHAGRINS D'AMITIÉ, ça existe, c'est aussi douloureux que les chagrins d'amour.

Quelquefois, on confond fidélité et peur de la nouveauté. La fidélité est alors mise au service de la répétition stérile, et pas au service de la vie qui est le mouvement même, ce mouvement qui peut nous amener à rencontrer des gens qui prennent beaucoup d'importance dans notre vie et qui l'influencent.

C'est HORS DE LA FAMILLE que l'on cherche des relations fortes, et c'est très important de choisir soi-même ses amis. Très souvent, on a du mal à se lier d'amitié avec ceux que nos parents nous présentent, uniquement parce qu'ils arrivent par l'intermédiaire des parents. Parfois, ce sont pourtant ceux-là qui deviendront nos meilleurs amis. Mais rarement tout de suite ; il faut des années pour s'en apercevoir et pour l'accepter.

Les adultes redoutent les "COUPS DE FOLIE" de la part des adolescents, quand ils s'engagent dans des liens d'amour ou d'amitié, surtout quand ils sont "hors normes". Mais si on est vraiment fidèle à soi-même et aux valeurs qu'on a reçues, ces coups de folie se révèlent parfois au fil du temps comme étant de véritables "COUPS DE SAGESSE", qui ont permis des changements de cap. Ces CHANGEMENTS DE CAP ont fait peur aux parents parce qu'ils étaient brusques, mais ils peuvent être positifs. Il est vrai que ce n'est pas toujours le cas, et c'est bien ce qui effraie notre entourage. Certaines rencontres se révèlent parfois très dangereuses et c'est difficile de le savoir au moment où elles se produisent. Il y a donc un RISQUE et la seule chose à laquelle on peut se référer à ces moments-là, c'est aux VALEURS.

L'amitié provoque souvent la jalousie et la médisance, d'autant plus que les adultes ont souvent tendance à imaginer qu'il y a de la sexualité là où il n'y en a pas. Si on a un ami du même sexe, on a peur parfois que les autres nous croient homosexuels.

Le piège, c'est la JALOUSIE D'AMITIÉ qui nous amène à emprisonner l'autre pour qu'il reste à nos côtés. Comme si, en forçant l'autre à être là avec son corps, alors qu'il a envie d'être ailleurs, on pouvait le forcer à être en relation avec nous. Dans ce cas, c'est encore la nostalgie d'une relation comme quand on était petit, dans le désir d'amour éternel avec nos parents.

Ce désir de possession, qui réclame une totale dépendance de l'autre, n'est plus de l'amitié mais de l'inféodation.

On pourrait même dire que l'exclusivité est l'ennemi de l'amitié et de la joie de vivre.

En amitié comme en amour, aimer vraiment quelqu'un, c'est le laisser libre, lui laisser le droit d'être différent de nous. Si on a peur de le perdre, il faut apprendre à dépasser cette peur. Ce n'est pas toujours facile. Mais y a-t-il une autre solution ?

**Céline, 16 ans**

*C'est un mot
prêté.
C'est deux mots
donnés.
C'est un cœur à nu
simplement.
C'est un cri, sans retenue
magnifiquement.
C'est un été.
C'est un miroir.
C'est rien, c'est tout.
Ces liens, c'est fou.
C'est la plus grande œuvre
de complicité.
C'est sans manœuvre
car ce n'est pas calculé.
C'est une éblouissante rassurance.
C'est beau et solide comme l'arbre
dans le champ.
C'est chaud et vivant comme les
appels du vent.
C'est long
comme route au soleil.
C'est calme
comme l'enfant qui sommeille.
C'est beau
bien au-delà des mots.
C'est sans fin.
C'est enfin
L'AMITIÉ.*

**Catherine, 16 ans**

**Pour moi l'amitié, c'est ça : être disponible. Les copains, j'en ai beaucoup, ils sont là pour rigoler, pour se détendre, mais je sais que je ne peux pas compter sur eux.**

**Béatrice, 17 ans**

Avec un ami, ou une amie, on n'est jamais sur le qui-vive, on sait qu'il n'y aura pas de gestes déplacés, c'est reposant.

**Emmanuelle, 16 ans**

L'amitié, j'en ai besoin, mais l'amitié peut être traître, très traître. La trahison, ça fait mal. L'amitié très, très forte, c'est ce que j'appelle l'amitié-amour, que je peux autant ressentir pour un garçon que pour une fille.

**Olivier, 17 ans**

Mes amis sont des personnes que je choisis scrupuleusement et auxquels je fais une confiance parfois aveugle. Une forte amitié peut se transformer en amour, pour moi c'est souvent comme ça, une forte amitié qui veut se continuer plus fortement encore.

**Anne, 17 ans**

**Des amis dans la vie, je crois qu'on en a très peu. J'en ai très peu (deux) mais nous entretenons des relations solides et durables, ils sont toujours prêts à écouter, à me consoler. On ne peut se confier qu'aux amis, ils sont les confidents indispensables de la vie.**

**Lydia, 14 ans**

Si j'avais pas ma meilleure amie, je pourrais pas vivre ; on se dit tout, tout ce qui nous arrive, tout ce qu'on a dans la tête (et ailleurs !), les garçons, les autres filles, l'école... Le problème, c'est quand même que je change souvent de meilleure amie...

**Ali, 17 ans et demi**

J'aimerais bien avoir quelqu'un avec qui parler, pour raconter tout ça, parce que à chaque fois je pleure, je ne sais pas pourquoi je pleure. Et je fume beaucoup, quand je commence à penser, ça me fait pleurer. Je suis toujours seul, et chaque fois que je rencontre une fille qui me plaît, elle ça ne lui plaît pas. Je peux pas en parler avec des copains, tu parles de ça, ils commencent à se foutre de ta gueule, c'est pas la peine. Il n'y a personne, même les copains. Y'en a un qui m'aime bien, c'est un Marocain, chaque fois qu'il voit que je m'emmerde comme ça, il m'appelle et on va au cinéma, en boîte. C'est lui que j'aime bien.

**Frédérique, 17 ans**

Les amis sont ceux sur qui on peut compter, qui vous aident en cas de problèmes et qu'on aide en réciproque. Ils savent qu'on les estime et pour ça gardent de bonnes relations. Ce sont des personnes à qui l'on peut se confier sans problèmes. Bien souvent on ne compte que sur une, deux, voire trois personnes que l'on considère comme ami ou confident.

**Lionel, 17 ans**

*J'ai deux amis, peut-être trois, ils sont presque tout pour moi, l'amour que je vis avec eux est passionné et durable. A côté de ça, bien sûr, y a les copains, ils sont nombreux, eux aussi je les choisis car avec le temps j'ai appris, grâce à lui (le temps) à ne plus me fier aux premières impressions. Je distingue les copains des relations, c'est primordial* ∎

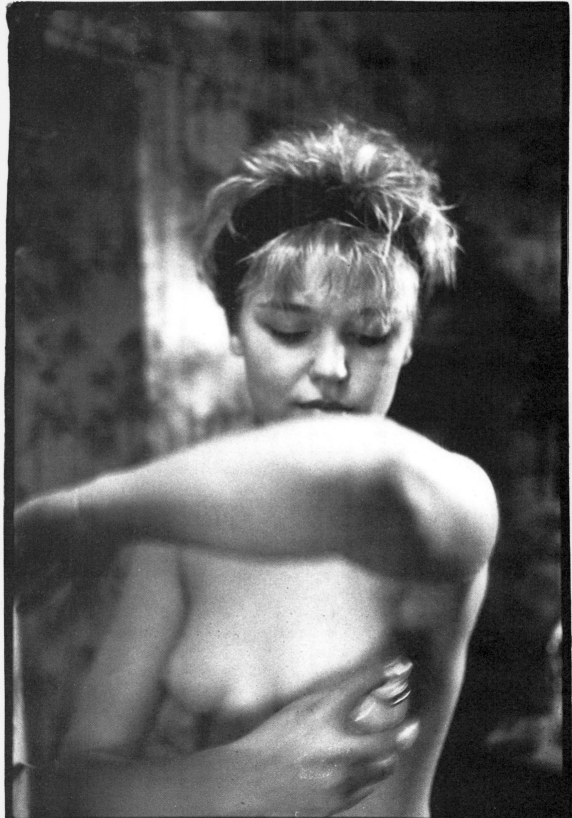

L'adolescence, c'est l'étape où son corps devient celui d'une femme.

Il ne faut pas croire que pour les garçons, ce soit plus simple que pour les filles.

Une envie de vivre, de crier, de chanter, de rire, de passion...

Une forte amitié peut se transformer en amour.

Marc Pataut

Gladys

De véritables relations amoureuses,
c'est une nouveauté vraiment importante.

Quand on est amoureux, on a des ailes.

Dans l'amour, il y a toujours de la tendresse.

Guy Le Querrec/Magnum

Reglain/Duclos/Gamma

Faut bien reconnaître que toutes ces histoires-là, ça nous perturbe un peu.

On se cherche un double pour se sentir plus fort,
un confident pour partager les difficultés.

René Burri/Magnum

Myr/Le Bar Floréal

L'adolescence, c'est l'époque des passions.

Les copains, ils sont là pour rigoler, pour se détendre.

# Les parents, les adultes, la société

En naissant, un enfant transforme deux adultes en parents. On peut dire ainsi que c'est l'ENFANT QUI FAIT SES PARENTS.

Dès sa conception, il les interpelle par tous les moyens dont il dispose (mouvements, puis, après sa naissance, cris, colères, bouderies, vomissements, insomnies, etc.), il leur demande : "Qui êtes-vous ? Que faites-vous ensemble ? Pourquoi m'avez-vous conçu ?". C'est bien souvent dérangeant parce que cela oblige à répondre à des questions que l'on n'a pas toujours envie de se poser, mais aucun parent n'y échappe.

Quand les enfants deviennent adolescents, être parent devient particulièrement difficile. Il faut accepter d'être déboulonné par ses propres enfants, de se résorber, presque de se "METTRE EN VEILLEUSE" tout en restant en même temps complètement présent dès que les jeunes en ont besoin !

Pendant que leur homard d'adolescent sécrète sa nouvelle carapace, les parents devraient presque se "DÉPARENTALISER".

Ils devraient, eux aussi, se renouveler et renoncer à être, comme avant, parents d'un tout petit enfant. Si leur enfant est dans le processus de nouvelle naissance, eux ont aussi à renaître à l'état de parents de jeunes adultes. Ce n'est pas confortable tous les jours !

C'est difficile pour les parents, et c'est difficile aussi pour les enfants, parce qu'ils se sentent coupables de "lâcher" leurs parents. Mais il ne faut pas qu'ils se croient coupables, car ce qui honore les parents, c'est que les enfants sortent de leur monde et s'en aillent dans la vie qu'ils ont choisie.

Depuis qu'ils sont petits, les enfants ont le désir de faire tout comme leurs parents car le parent du même sexe représente "lui-même" quand il sera adulte. C'est cela qu'il faut lâcher à l'adolescence. Lâcher quelque chose, c'est toujours douloureux.

Quand on est petit, on a un besoin vital d'admirer ses parents pour pouvoir grandir. On les pare de toutes les qualités, même de celles qu'ils n'ont pas, si bien que les adultes s'imaginent qu'ils les ont vraiment. Quand un enfant de quatre ans trouve ses parents formidables, les parents pensent qu'ils sont formidables. Un petit enfant ouvre à ses parents un immense CRÉDIT D'AMOUR et les parents, sans vraiment le savoir, vivent sur ce crédit d'amour, grâce à ces petits qui dépendent d'eux.

Un jour, les petits deviennent des adolescents et le crédit risque de s'épuiser si on ne le renouvelle pas. Bien élever ses enfants, c'est les amener à comprendre que leurs parents ont autant besoin d'eux qu'ils ont besoin de leurs parents.

Tout se passe comme si tout le monde croyait que les rapports parents-enfants sont par nature privilégiés et donc harmonieux. C'est une mystification. Quand il s'agit de leurs enfants, les gens se prennent à ce jeu de croire que ce qu'ils font et disent, eux, est juste et bien. Alors qu'il serait plus simple de dire aux enfants que leurs parents peuvent se tromper, qu'ils sont comme tout le monde, que parfois ils en souffrent et que ce n'est pas forcément comme eux qu'il faut devenir.

La MAISON où l'on vit tous ensemble peut devenir un lieu de conflits et d'affrontements. Les parents reprochent aux enfants de prendre la maison pour un hôtel. Les enfants, bien souvent plus ordonnés ailleurs que chez eux, reprochent à leurs parents de les prendre pour leurs domestiques. Et voilà comment les chaussettes qui traînent deviennent des bombes à retardement! Les enfants résistent, les parents se fâchent. Ça leur fait du bien.

Si la vie quotidienne est souvent tendue à la maison, c'est que pour bien des parents, la maison est le lieu où ils affirment leur AUTORITÉ quand la vie à l'extérieur, dans le travail, est trop difficile. Ils essayent de se consoler dans la vie familiale, en faisant avec les enfants ce que l'on ne peut faire à l'extérieur. De la même façon, des enfants charmants et dociles à l'extérieur se revèlent à la maison de vrais tyrans domestiques.

Certains parents auraient besoin que leurs adolescents restent petits parce que ça leur donne un statut, celui de parents. L'idée de perdre ce statut ou de se retrouver seuls les panique, alors ils se raccrochent à leur enfant. Pour un jeune, être le seul centre de la vie affective du couple de ses parents ou, plus encore, d'un parent solitaire, c'est terrible.

Ne plus aimer ses parents comme quand on était petit, c'est leur FAIRE HONNEUR, mais c'est aussi les priver de quelque chose. C'est le prix à payer pour avancer dans sa trajectoire de vie.

Ne plus les aimer comme quand on était petit, c'est, par exemple, apprendre à ne plus tout leur confier sans se sentir coupable. C'est obtenir qu'ils vous soutiennent dans ce moment de mutation, dans cette nouvelle naissance qui amène à plus de responsabilité, sans exiger d'en connaître tous les secrets.

C'est très difficile de demander aux parents des conseils pour ne pas les suivre, ça provoque des scènes pénibles. Ce serait plus facile si les parents comprenaient que ce dont on a besoin, c'est de parler avec eux, même si on leur demande des conseils que l'on ne suivra pas.

Ne plus les aimer comme quand on était petit, c'est aussi les regarder d'un œil neuf et parfois DÉCAPANT. On ne les idéalise plus, on perd ses illusions. Grandir, c'est découvrir que tous les humains sont faits du pire comme du meilleur, et ce n'est pas facile. On découvre un grumeau de merveilleux chez quelqu'un et on s'enthousiasme alors pour toute la personne, que l'on croit merveilleuse. Mais voilà qu'on tombe sur un grumeau de sordide. On est déçu et c'est le désespoir. Il faut des années pour accepter que nous sommes tous tissés de CONTRADICTIONS.

**A**vec l'exigence de la jeunesse, on cherche de la COHÉRENCE dans la conduite de ceux qui nous entourent, d'autant plus peut-être qu'on en manque à l'intérieur de soi-même. Mais chez les adultes, on n'en trouve pas toujours. Comment admettre que nos parents ne disent pas ce qu'ils font et ne font pas ce qu'ils disent ?

**A**lors qu'ils exigent notre confiance, les parents ne s'en montrent pas toujours dignes. Trop souvent, ils recherchent les confidences sous le sceau du SECRET, mais on s'aperçoit ensuite que le secret a été trahi sans qu'on soit prévenu. On se sent floué.

**Q**uand on découvre la sexualité, on regarde la vie de couple de ses parents d'un œil neuf. On la démystifie d'autant plus qu'on n'en sait pas tout et qu'on la juge avec des exigences d'absolu et de pureté, ce qui amène souvent de la sévérité.

**D**ans cette découverte de la sexualité, les enfants s'éloignent des parents. Et pour eux, c'est une épreuve. Beaucoup de pères sont troublés par leur petite fille qui devient jeune fille. Et beaucoup de filles ne se rendent pas compte qu'elles sont devenues jeunes filles et que leurs attitudes deviennent provocantes pour les hommes, y compris leur père. Quand les hommes de la famille ne comprennent pas, c'est aux filles de faire comprendre, à leur père et à leurs frères, que c'en est fini des petites FAMILIARITÉS comme on en a avec une fillette.

**L**es garçons, devenant jeunes hommes, provoquent aussi leur mère et leurs sœurs, qu'ils s'en rendent compte ou pas, et c'est à eux de savoir échapper aux CÂLINS d'une mère qui ne veut pas les voir grandir.

**D**e nos jours, les femmes restent jeunes longtemps et gardent leur pouvoir de séduction alors que leurs enfants sont adolescents. Cela peut être gênant. Les filles se retrouvent face à une rivale alors qu'autrefois, elles pouvaient materner un peu une mère vieillissante.

**B**eaucoup de parents sont jaloux de leurs enfants qui grandissent. C'est souvent cela qui se cache derrière les reproches à propos de maquillage ou de vêtements. Jaloux du fait que leurs enfants aient des idées à eux, certains se sentent en RIVALITÉ avec eux.

**Q**uand on réalise qu'on est né de deux personnes, qu'on est le produit du mélange de la moitié des cellules venues de son père et de sa mère, on a une impression de vertige. Mais ce qu'il faut comprendre, c'est que s'il n'y avait pas eu confiance mutuelle entre eux et nous, on ne serait pas né et on ne serait pas là. En perdant confiance dans ses parents, on perd parfois confiance en soi. Il ne faut pas se laisser aller à cela.

**Q**uand on a envie de faire quelque chose, mais qu'on n'ose pas, qu'on a peur de le faire, il faudrait pouvoir se dire : "Si j'étais mes parents, je serais FIER de moi qui ose faire ça. Mes parents ne le sont pas parce qu'ils sont d'une autre époque. Je ne le fais pas contre eux, je le fais pour la grande personne que je vais devenir."

**Il** faut prendre des risques, mais toujours avec l'idée que ce que l'on fait, on est fier de le faire. Alors que si on le fait uniquement pour provoquer, on le fait pour le spectacle, pas pour soi-même.

**A**insi dans le choix de son orientation scolaire et professionnelle, il faut savoir expliquer aux parents qu'on peut se réaliser autrement qu'eux. Par exemple, un jeune ayant des parents qui ont suivi une filière scolaire et universitaire très poussée peut se réaliser pleinement et réussir dans des domaines moins intellectuels, ou même dans un métier tout à fait manuel. Et inversement, si un jeune dont les parents n'ont pas fait d'études désire poursuivre des études longues, il ne doit pas avoir peur, en le faisant, de blesser la fierté de son père ou de sa mère. Au contraire, ses parents pourront en être très fiers.

Quand les rapports avec les parents sont trop difficiles, on peut se choisir des PARENTS SYMBOLIQUES, des parents en plus, "adoptés". Ce ne sont pas forcément nos parents de sang qui peuvent le mieux nous aider à passer un cap d'évolution. Quand les parents de sang peuvent l'accepter sans jalousie, sans abandonner leur place pour autant, c'est plus simple, parce qu'on ne se sent pas coupable.

Pourquoi est-ce si compliqué entre les adolescents et les adultes ? Peut-être parce qu'à chaque génération, l'adolescence vient mettre en avant et faire vivre des valeurs qui sont vraiment celles de l'humain : GÉNÉROSITÉ, ABSOLU, LIBERTÉ, FRATERNITÉ… Quand les adolescents s'enflamment pour une idée, par exemple, ils sont d'une générosité dont aucun autre groupe social n'est capable.

Chaque génération d'adolescents voit que les institutions mises en place par les adultes qui ont le pouvoir trahissent ces valeurs.

C'est douloureux de voir, génération après génération, ces adolescents qui sont comme des vagues pleines de vie venir se heurter à des institutions qui, trop souvent, organisent et perpétuent les trahisons. Cette répétition dans la manière qu'a l'humanité de traiter les adolescents, n'est-ce pas dû à une espèce d'amertume jalouse que chaque génération d'adultes éprouve envers ceux qui lui rappellent combien elle a été indidèle à elle-même ?

Heureusement, de nombreux adultes restent fidèles aux idéaux des adolescents qu'ils ont été, mais c'est rarement eux qui ont le pouvoir. Ces adultes-là, même s'ils ont compris que tout n'était pas possible tout de suite, comme on le souhaiterait à l'adolescence, gardent les valeurs de leur jeunesse.

Ce sont eux qui nous aident à ne pas perdre confiance dans les humains. On les rencontre dans la vie, mais aussi dans les livres.

Quand un adolescent s'adresse à un adulte, il fait résonner en lui les souvenirs de l'époque où cet adulte avait son âge. L'adolescent fait vibrer douloureusement l'adolescent qui se cache au cœur de chaque adulte.

Les ADULTES qui ont trahi leur idéal ricanent de ce que disent, font et pensent les jeunes en leur disant que ce sont eux, les adultes, qui détiennent les vraies valeurs, au nom du fait qu'ils sont adultes physiquement. On est adulte physiquement entre vingt-deux et vingt-cinq ans, quand l'ossification s'achève. Mais est-on pour autant adulte affectivement ? Certaines personnes, parées de tous les éléments de la panoplie qui fait l'adulte, sont en fait de très jeunes enfants. Ils ont souvent du pouvoir, mais au fond de leur cœur, leur affectivité reste celle d'un petit enfant.

Être vraiment adulte, c'est être responsable de soi et responsable de ses actes vis-à-vis des autres. On est d'autant plus adulte qu'on est conscient de ses contradictions et qu'on accepte de les assumer. L'adolescence n'est pas reconnue comme une force parce qu'elle fait peur. Nos désirs nous font souvent peur, et souvent la peur masque le désir. La société nous piège en mettant plus en avant notre PEUR que nos DÉSIRS, elle nous fait perdre confiance en nous.

La plupart des adultes ont, dans leur mode de pensée, un frein dans la tête dû à leur peur. Ils ont peur de vieillir, de mourir, de perdre leur emploi, leur voiture, leur amour. Ils ont peur pour ceux qu'ils aiment. Ils ont peur de ne pas être à la hauteur de la situation. Ils ont peur de l'inconnu. La peur est dans le raisonnement de presque tous les adultes, qu'ils le sachent ou non.

C'est pour cela qu'ils se cramponnent à l'esprit logique, rationnel qui n'est qu'un aspect de l'intelligence – peut-être le plus désespérant ? – L'intelligence, c'est surtout une CAPACITÉ D'INVENTION. Les jeunes, eux, sont inventifs.

La peur sépare les adolescents des adultes. Peut-être est-ce parce que les adolescents ne se sentent pas mortels, alors que les adultes, qui ont déjà vécu tant d'épreuves, sont dans un processus de vieillissement et de mort. Ils imaginent parfois qu'ils seront un jour impuissants et dépendants. Tout le monde joue de la peur de l'autre en méconnaissant la sienne le plus souvent.

Pourtant, la peur peut être une très bonne chose. Tout dépend de la façon dont on l'utilise. Peut-être que si on n'avait jamais peur, on ne ferait rien ?

Notre société est infantilisante, elle ne soutient pas l'adolescence et sa créativité alors qu'à d'autres époques, où la force physique et l'agilité avaient plus d'importance, les adolescents étaient valorisés. Ce ne sont pas les adolescents qui ont changé, mais la façon dont on les considère. On prolonge les études pour tous au lieu d'avoir le souci que chacun sache vraiment lire, écrire et compter. C'est consternant de voir que le nombre de jeunes gens arrivant au service militaire illettrés a augmenté depuis quarante ans alors que quand on ne sait ni lire, ni écrire, ni compter, on ne peut rien faire dans notre société.

Quand on se sent bloqué à l'école, quand on n'arrive pas à acquérir les bases nécessaires, ce n'est pas parce qu'on manque d'intelligence ou de capacité. Mais c'est un signal d'alarme. Un moment difficile à l'école, c'est l'occasion de se poser des questions sur son avenir. Le piège serait de se sentir dévalorisé ou exclu, de penser que ce sont les autres qui décident pour vous. Votre orientation scolaire et professionnelle, c'est à vous de la prendre en main. C'est parfois bien difficile et il ne faut pas hésiter à vous adresser à des adultes de confiance – professeurs, éducateurs, psychothérapeutes – qui vous aident à découvrir votre voie propre, à faire preuve d'imagination pour trouver ce qui vous convient.

Bien trop souvent, la société piège les adolescents en leur faisant croire qu'ils sont un fardeau dont on ne sait que faire, un GROUPE D'IRRESPONSABLES dont on n'a pas besoin. Elle ne leur dit jamais à quel point elle a besoin de leur générosité et de leur créativité.

Peut-être que tout cela est inévitable, mais ce serait bien qu'un jour une société ose dire : "Oui, c'est comme ça, la peur régit tout, mais ce n'est pas pour autant bien comme cela."

Tout au long de notre vie, nous confrontons nos idéaux à la réalité quotidienne, à la médiocrité.

Toute notre vie, nous rencontrons des gens infidèles à eux-mêmes et aux autres, qui n'ont pas de parole, qui trahissent.

Toute la question, c'est de refaire jour après jour le choix : est-ce que je garde mes valeurs ou bien est-ce que je me laisse aller à faire comme tout le monde ? C'est une des questions essentielles de l'homme. Il faut oser re-choisir les mêmes valeurs, même si on se sent isolé ou ridicule, parce qu'à chaque fois qu'on y renonce par lassitude, on fait un deuil qui nous rend triste et dépressif sans qu'on s'en rende compte. C'est cette dépression qui rend souvent les adultes hargneux et méchants, quand ils se rendent compte qu'ils sont le produit de petits deuils, de suites de trahison ▮

---

**Olivier, 17 ans**

Mes parents sont extraordinaires. Bien sûr il y a des hauts et des bas, mais c'est la vie. Mon père a tout créé de ses mains, il était assureur et du jour au lendemain s'est reconverti, il a acheté un vieux truc en ruine et l'a petit à petit retapé ; il est dur parfois avec moi, mais c'est bien ainsi. Je travaille avec lui quand j'en ai le temps, son seul tort est le fait qu'il soit coléreux et qu'il ait un caractère assez dur. Ce qui me fait parfois peur, c'est que je prends le même caractère.

**Thierry, 17 ans**

*On parle tout le temps des jeunes par-ci, des jeunes par-là, mais on est bien lâchés de partout. De toute façon, la société n'est pas parfaite, mais est-ce possible qu'elle le soit un jour ? Mais, en tout cas, elle est anti-jeunes.*

**Fabrice, 17 ans**

Ce qui m'énerve vraiment chez certains adultes, c'est les questions sans réponses. Comme je suis très curieux, je déteste que dans certains cas les adultes ne jugent pas utile de me répondre.

**Sylvain, 15 ans**

Oh ! là ! là ! Les adultes ! On définit un adulte par son âge. On a tous nos étiquettes, enfant, bébé, adulte, vieux, enfin personne âgée ou troisième âge, dans tout ce merdier les adultes sont les mieux vus ; un adulte, c'est un esprit conscient, mûri, durci, s'exprimant de façon posée et réaliste.
On dira par exemple d'un adolescent qui répond à ces critères "il est adulte pour son âge !" Beurk...
Souvent les adultes ne sont pas mieux que nous, ils sont juste façonnés, consumés par leur milieu, leur vie, par la dureté de la réalité, la nécessité qu'ils ont de devoir survivre, se battre, travailler, de...

### Raïssa, 16 ans

Certains adultes m'apparaissent comme des amis, des gens à qui l'on peut se confier, demander conseil, d'autres sont plus distants, ils restent dans leur univers clos aux adolescents. Surtout, que la première catégorie d'adultes reste comme elle est, communicative et compréhensive ! La seconde, j'aimerais qu'elle évolue dans le bon sens et surtout que les adultes arrêtent de parler de la crise de l'adolescence en se gargarisant avec ça comme si eux n'étaient pas passés par là.
Par contre ce que je déteste, ce sont les adultes, ou plutôt ceux qui se croient adultes et qui sont encore immatures et qui prennent des airs supérieurs. Mais pourquoi les rapports entre adultes et adolescents sont-ils si difficiles ?

### Arnaud, 17 ans et demi

Mes parents ont peur pour mon avenir. Ils doivent se demander si j'arriverai à mener ma barque seul, si j'arriverai à faire mon trou dans la vie. Ça doit les inquiéter, ils ont peur que ça ne se passe pas sans dégâts, ils se demandent si j'arriverai à franchir toutes les étapes, c'est pas forcément marrant le baccalauréat et tout le carnaval.

### Clarisse, 15 ans et demi

Depuis que je deviens grande, ça pose des problèmes à mes parents, nous avons l'impression de ne plus nous comprendre, mes parents veulent le meilleur pour moi sans parfois savoir ce dont j'ai réellement besoin ou envie. Je ne pense pas avoir de relation privilégiée avec mes parents, surtout ma mère, car nous sommes souvent en conflit. Je ne pense pas qu'elle me comprenne, d'ailleurs je ne lui parle jamais de ce qui me concerne (amis, copains, etc.), je ne crois pas que sur ce plan-là elle puisse m'aider ou me comprendre, il ne me viendrait jamais à l'idée d'aller la voir et de lui parler, je ne l'ai jamais fait et ne le ferai jamais.

### Claire, 17 ans et demi

*Les adultes, leurs rêves sont étouffés, leurs rêves se multiplient mais à feux éteints, ne se réalisent pas ou plus. Leur langage me fait peur car leur tête parle trop souvent à la place du cœur, et leur cœur quand il explose n'a pas toujours de juste milieu. Et nous, ados, qui venons derrière, nous nous calquons à ça avec la rage de ne pouvoir rien changer sur cette planète qui se dégrade.*
*Je vois beaucoup d'adultes qui ressemblent à des adolescents fatigués, à l'énergie vitale frustrée. Faut pas généraliser, j'en connais quand même qui ne sont pas comme ça, mais pour la majorité, j'aimerais qu'ils soient plus heureux, qu'ils n'aient pas tant de tristesse et de déception en eux. J'aimerais qu'on les aime plus, qu'ils soient plus heureux, qu'ils parlent moins entre eux, et seulement entre eux, de leurs systèmes d'éducation, de leurs préjugés, de leur travail, de leur culture personnelle, de tout, de rien, juste pour la causette.*
*J'aimerais tant qu'ils ne soient pas si durs, dans leurs ordres, dans leurs dires, qu'ils nous aident à bâtir l'avenir en cessant de dire "l'avenir appartient aux jeunes", en se considérant eux-mêmes à part et hors jeu, j'aimerais plus de respect mutuel, plus d'amour, car c'est ça, construire l'avenir, c'est dans nos relations qu'il faut commencer.*
*C'est comme le petit prince qui apprivoise le renard. Il faut du temps pour communiquer, les adultes n'ont guère de temps.*
*Les adultes, j'en ai parfois un peu peur, ils me rappellent à la vie matérielle. Je me réserve à leur égard, car je crains leurs jugements.*
*Je rêve de dialogues simples, sans rancœur et sans méchanceté, avec humour et tendresse, en s'écoutant les uns les autres sans barrage.*
*Je rêve trop fort, je suis adolescente tant que j'y crois. Je reste enfant et je vous aime, je crois en vous. Croyez en nous.*

### Paule, 17 ans

Oser, c'est surtout avoir des relations normales et simples avec les adultes. C'est oser dire à ses parents ce que l'on pense, oser dire les bêtises qu'on a faites, oser sans mentir, sans crainte des représailles, juste parce qu'on ne se connaît pas et que l'on ne sait pas la réaction possible de l'autre. Oser, c'est aussi simple ! Oser parler à ses professeurs sans agressivité, sans mensonge.
Oser ? Pourquoi n'osons-nous pas ? Par crainte ? De quoi ? De tout, du rapport de force, de la personnalité des autres. Oser se connaître, se respecter, c'est oser changer les choses, c'est dur, c'est comme une impossibilité. Oser se regarder, s'accepter, ne plus se cacher derrière les apparences... Je n'ose pas vous dire que je vous aime, car j'ai peur de souffrir de votre absence ; lorsque j'aurai osé avouer ce sentiment, allez-vous rire ? Je vous estime mal ? Osez être en face de moi "vrai". Ne trichez pas, osez, vous aussi !

### Jacques, 15 ans

Alors là, c'est sûr que c'était plus facile de vivre en tant que jeunes à l'époque de mes parents ! Enfin, il me semble, d'après ce qu'ils disent, parce que moi, j'y étais pas. Il y a une chose primordiale : le chômage. Ce qui est sûr, c'est qu'à l'époque il n'y avait pas ce problème, je me suis renseigné, tandis que maintenant c'est la peur des jeunes, ça nous gâche la jeunesse, surtout que si nous, des fois, on n'y pense pas, les parents sont toujours là pour nous le rappeler.

### Elisabeth, 17 ans

L'adolescence, ça c'est difficile, même pire, face à des problèmes comme le chômage, c'est drôlement difficile de ne plus dépendre des parents financièrement et autres. Comment tu veux faire pour assurer quand tu vois que même les adultes ont du mal ? Ça fait flipper, non ? Tu prends la trouille et tu restes le plus longtemps cramponné aux pantoufles des parents ∎

# L'autorité

C'est compliqué, l'autorité. Quand il y en a trop, ce n'est pas supportable. Quand il n'y en a pas assez, on se sent un peu abandonné, comme si on ne s'intéressait pas vraiment à nous. On se retrouve souvent face à des adultes ou des parents qui se cramponnent en disant : "C'est un irresponsable, il faut le surveiller de très près", ou bien qui ont lâché prise en disant : "Nous ne pouvons rien, donc il vaut mieux ne rien envenimer."

Devant l'ABUS D'AUTORITÉ on se replie sur soi-même, on fuit imaginairement ou pour de vrai, on FUGUE.

Mine de rien, dans les conflits d'autorité, on y est souvent pour quelque chose. Et c'est toujours intéressant de se demander comment on a fait pour en arriver là.

Il ne faudrait jamais oublier que les adultes ont aussi des problèmes avec l'autorité. Chez les humains, personne n'y échappe. Quand on est aux prises avec une autorité que l'on supporte mal, on réagit souvent en faisant soi-même UNE CRISE D'AUTORITÉ. Par exemple, bien des pères ou des mères de famille qui rentrent chez eux le soir très remontés contre leurs enfants, sur le mode "range ta chambre", "tiens-toi droit", ou "finis ton assiette", ont été victimes le matin même de l'autoritarisme d'un chef de bureau irascible qui lui-même s'était peut-être fait attraper par sa femme au petit déjeuner !

Mais il y a des gens qui sont autoritaires partout, au bureau comme à la maison, et il faut penser qu'il n'y a pas que les adultes qui soient autoritaires ! C'est parfois une question de tempérament,

paroles pour adolescents ou le complexe du homard

de caractère. On ne se rend pas toujours compte que l'on est autoritaire avec ses amis. Peut-être d'ailleurs que ce trait de caractère nous vient de nos parents, précisément. Et parfois on ne se rend pas compte que l'on fait soi-même de l'autoritarisme (à l'égard de ses propres parents, de ses copains, de ses frères et sœurs) parce qu'on se sent mal dans sa peau.

Quand quelqu'un exerce son autorité uniquement pour prouver à lui-même et aux autres qu'il a du pouvoir, on appelle cela l'AUTORITARISME. Il y a toujours un peu d'IMPUISSANCE dans l'autoritarisme, alors que l'autorité véritable révèle une vraie puissance.

Quelquefois, on s'aperçoit a posteriori qu'on a un peu dramatisé l'autorité des parents. Peut-être pour se persuader qu'ils s'intéressent beaucoup à nous. Et eux, de leur côté, ils dramatisent souvent les choses, peut-être parce qu'ils sont pris dans les difficultés matérielles ou encore parce qu'ils ont peur pour leurs enfants. C'est vrai que le chômage, la drogue, le Sida, ça existe. Ce sont de vrais problèmes qui inquiètent les parents à juste titre. Cela peut expliquer des attitudes autoritaires qu'on a du mal à accepter.

Ce qui n'est pas juste, c'est que tout se passe la plupart du temps comme si les adultes avaient toujours raison, simplement parce qu'ils sont des adultes. C'est comme s'il y avait une hiérarchie cachée et évidente à la fois, mais dont on ne parle jamais. Pourtant les jeunes apportent souvent des idées nouvelles et intéressantes, même si elles ne sont pas toujours réalisables parce qu'elles sont marquées d'imaginaire.

Quelquefois on sent qu'on a BESOIN D'AUTORITÉ, par exemple de la part des professeurs ou éducateurs. Mais ça fait peur de la réclamer parce que ça risque de déclencher de l'autoritarisme et on se sent piégé. Comme si, dans l'absolu, c'était mal d'être autoritaire ou comme si c'était déshonorant d'obéir. Mais ce n'est jamais déshonorant, c'est même agréable parfois, d'ACCEPTER L'AUTORITÉ quand il s'agit d'une autorité intelligente. Tout dépend en effet de celui qui exerce l'autorité. Il y a des ADULTES que l'on respecte qui, grâce à leur expérience, leur bonne volonté et leur affection sont CRÉDIBLES. On peut dire qu'ils exercent une autorité intelligente. L'autorité est alors acceptable et même, quelquefois, elle fait du bien.

Cette autorité-là n'a rien à voir avec l'autoritarisme rigide qui nous donne l'impression de retourner en arrière, dans la dépendance comme quand on était petit, avant la puberté. C'est plutôt quand on s'oppose systématiquement à l'autorité, sans penser qu'elle peut nous aider à vivre, qu'on se met dans une position d'enfant.

Il ne faut pas croire que, dans l'absolu, il y a d'un côté les forts qui abusent de leur autorité et, de l'autre, les faibles qui se soumettent. C'est une question de moment, de situation, et c'est tout le temps à REDISCUTER.

Selon les circonstances, l'un sera le leader, le chef, mais à un autre moment, un autre tiendra cette place. Ce n'est pas parce que, à un moment donné, on va obéir à quelqu'un, admettre son autorité, qu'on va pour autant rester définitivement petit, faible et soumis aux autres.

Pour que les rapports d'autorité changent, il faut redonner confiance en nous aux adultes. Quelquefois, c'est dur parce que soi-même on a fait des efforts et on est sûr d'avoir changé, mais les adultes ne nous croient pas. Ils n'arrivent pas à avoir confiance et ils demandent des preuves. GAGNER CETTE CONFIANCE demande du temps et ça peut paraître long.

Quand on est en conflit sur un point précis – sorties, travail, argent, vie familiale –, il faut en parler jusqu'à ce qu'on tombe d'accord sur un compromis. On peut ainsi passer avec les adultes des CONTRATS D'HONNEUR, pour un temps donné. Quand c'est trop dur, prenez patience, cela ne durera pas toujours. En attendant, travaillez à être crédibles et pour vous libérer de leur tutelle le plus tôt possible. Quand vraiment on se heurte à l'autoritarisme d'adultes qui ne veulent rien comprendre, il faut savoir qu'on reste toujours LIBRE DE PENSER ce que l'on veut et que c'est là l'essentiel.

N'agissez pas uniquement en fonction de vos parents, en faisant les choses seulement pour ou contre eux. Ce qui vous donne de la valeur en donne à vos parents à travers vous. Quelquefois on est furieux de leur faire honneur alors qu'on voudrait s'opposer à eux, mais c'est comme ça.

Quand vous avez, dans votre for intérieur, la conviction que ce que vous faites est bien, que si vous étiez parents, cela vous rendrait fier que votre enfant en fasse autant, continuez et patience, vos parents arriveront aussi à le comprendre.

Osez ! Mais n'oubliez pas le drame du homard ! Il y a tout de même des dangers que vous ne voyez peut-être pas mais que vos parents connaissent. Ils n'ont pas systématiquement tort ▮

paroles pour adolescents ou le complexe du homard

**Valérie, 16 ans**

J'aimerais que mes parents soient plus souvent là, pour discuter et s'intéresser plus à moi. Au lieu de cela, ça fait des années que mon père rentre le soir, lit "le Monde", mange avec ma mère et moi et discute avec elle (quand il discute avec elle…) sans s'occuper de moi ! Et vous appellez ça des parents ? Pas moi. Si au moins ils m'engueulaient…

**Mathieu, 16 ans**

Non, vraiment, je ne vois pas pourquoi les parents commandent comme ça sans essayer de comprendre : j'aimerais entendre autre chose que des ordres hurlés à longueur de journée. C'est dur d'être toujours commandés comme si on était des robots, c'est dur de vivre avec des gens qui, de toute façon, quoi qu'on dise, quoi qu'on fasse, ont toujours raison.

**Véronique, 17 ans**

*Les profs devraient être des gens possédant de l'autorité et aussi de l'humour.*

**Jean-François, 16 ans**

Normal de mentir si ça peut rendre service à quelqu'un, grave si ça fait tort à quelqu'un. Moi, je suis pour la franchise, vaut mieux, c'est plus simple. Mais l'exemple des adultes sur ce plan-là n'est vraiment pas évident, ils mentent tous, tout le temps. Pour illustrer, y a qu'à regarder du côté des hommes politiques… Et nous, un tout petit mensonge et c'est tout un drame, les adultes sont incohérents ▮

Est-ce que je garde mes valeurs
ou bien est-ce que je me laisse aller à faire comme tout le monde ?

Le piège serait de se sentir dévalorisé ou exclu.

C'est très difficile de demander aux parents des conseils pour ne pas les suivre.

Redonner confiance en nous aux adultes....

Il faut des années pour accepter
que nous sommes tous tissés de contradictions.

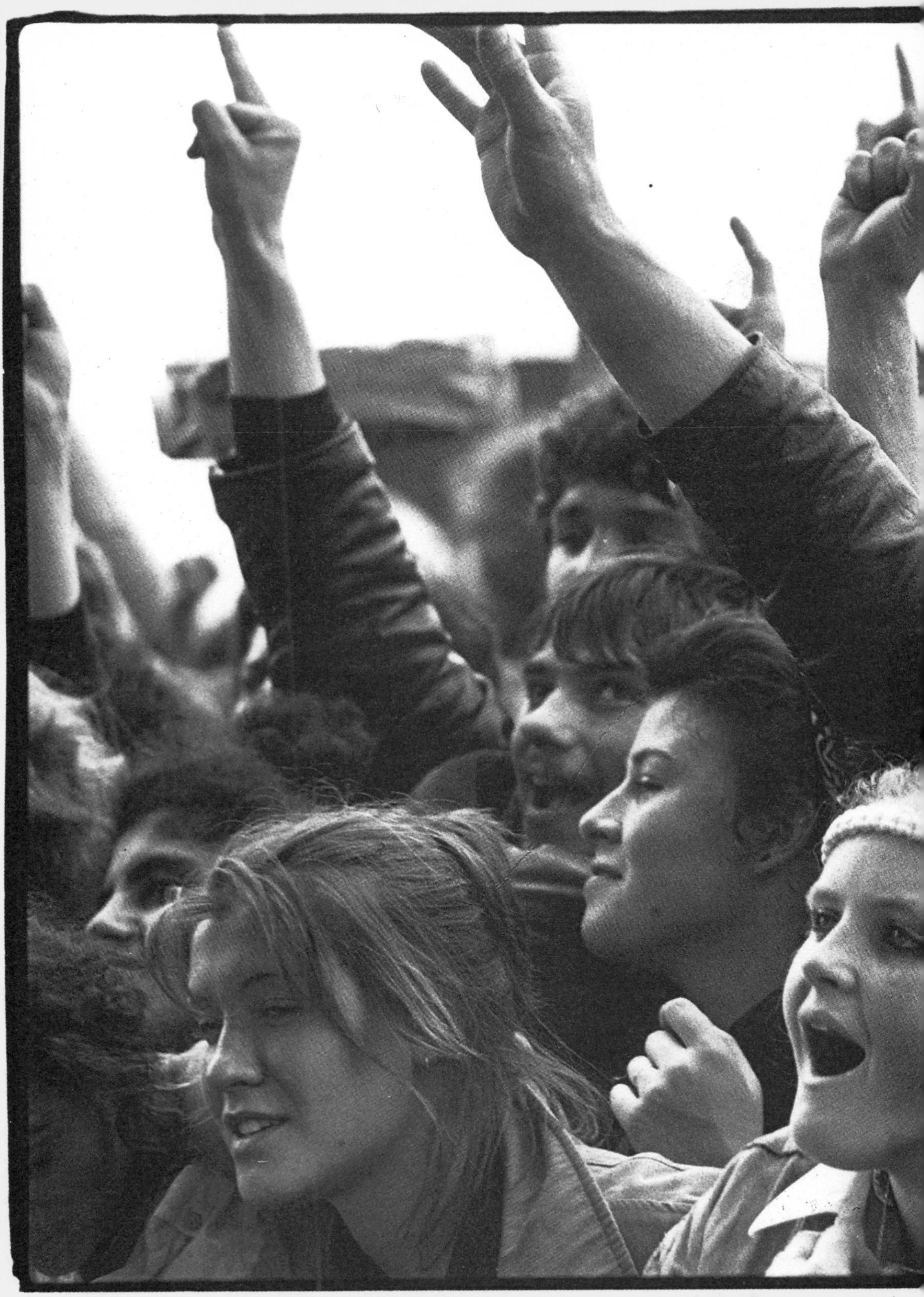

Myr/Le Bar Floréal

Ces adolescents qui sont comme des vagues pleines de vie...

Ce ne sont pas les adolescents qui ont changé,
mais la façon dont on les considère.

On reste toujours libre de penser
ce que l'on veut et que c'est là l'essentiel.

On se replie sur soi-même, on fuit imaginairement ou pour de vrai.

Il y a tout de même des dangers que vous ne voyez peut-être pas.

# La violence

Des disputes, des conflits, il y en a dans toutes les familles. C'est inévitable comme dans tous les groupes humains. Mais la véritable violence entre parents et enfants, c'est autre chose.

Les coups, les brimades, les paroles et les punitions injustes veulent humilier, réduire l'autre. Mais la violence peut aussi s'avancer masquée sous la plus grande douceur. Le chantage affectif, ce qu'on nous impose ou interdit "pour notre bien", ou parce que cela ferait "trop de peine" à un tel ou une telle, tout cela concourt à un étouffement organisé dans la plus grande gentillesse apparente. Il s'agit là d'une authentique violence.

Qu'il s'agisse de violences physiques ou de chantage affectif qui vous étouffe, la violence est toujours un signe d'impuissance.

On s'humilie toujours en battant un enfant, encore plus quand c'est le sien. Dès qu'on en est capable physiquement ou moralement, on peut débloquer la situation en aidant l'adulte pris dans sa violence. Pour cela, il faut lui dire, en arrêtant son geste si on le peut, qu'on ne le laissera pas s'humilier plus longtemps en battant son enfant; par exemple, on peut dire : "Non, tu ne peux pas frapper l'enfant que tu as mis au monde, c'est toi-même que tu frappes."

Certains enfants battus ou agressés par leurs parents restent complètement passifs et amorphes parce que s'ils se mettaient à avoir des pensées et des réactions, elles ne seraient que de haine. Parfois, à l'adolescence, cette haine s'exprime dans une explosion brutale. D'autres jeunes provoquent sans toujours s'en rendre compte la violence des adultes pour être sûrs qu'on s'intéresse à eux. Il arrive aussi que des enfants battent leurs parents. En agissant ainsi, ils s'humilient eux aussi. Si on sent que ses parents ne sont plus des MAÎTRES À VIVRE, ce n'est pas une raison pour les traiter en animaux domestiques, il faut essayer par tous les moyens mis à notre disposition par la société de les QUITTER pour aller vivre ailleurs (voir p. 145).

Les violences sexuelles sont dramatiques à vivre. Ça peut destructurer toute une vie, tout un avenir, c'est très grave et c'est juste de tout faire pour s'y soustraire. Quand on sent que, malgré soi, on attire le désir sexuel d'un adulte de son entourage, il faut absolument OSER EN PARLER aux adultes de confiance que l'on connaît, parents, médecin, professeurs, éducateurs, amis, etc. Parfois les gens ne vous croient pas ou vous traitent de menteur, il ne faut surtout pas se décourager et continuer jusqu'à ce que l'on en trouve un qui vous croie et qui vous aide à partir vivre ailleurs.

S'il arrive que l'on ait éprouvé du désir pour cet adulte, il ne faut pas se sentir coupable, ces désirs font souvent partie du processus de développement d'un enfant, c'est le devoir des adultes de ne pas en profiter. De tout cela il faut OSER PARLER parce que cela aide à s'en sortir. Si c'est trop difficile, on peut demander à faire une psychothérapie pour dépasser cette épreuve sans en être démoli.

Se débrouiller avec la violence, c'est encore plus difficile pour les enfants qui sont pris en charge par la société et vivent dans des INSTITUTIONS. Trop souvent les institutions sont des lieux de FAUSSE VIE, où stagnent des enfants devenus objets afin que les adultes qui travaillent dans ces endroits puissent gagner leur vie. Les enfants sont obligés d'y vivre en état d'irresponsabilité permanente et leurs relations avec le monde sont truquées. Pas étonnant alors qu'ils ne puissent vivre leurs rapports aux autres que dans la violence.

Quand on est en BANDE, on se sent fort et on a souvent envie de ne pas respecter les règles de la vie sociale. Cela peut mener à la DÉLINQUANCE. Comme on a un besoin vital de vivre en groupe, il faut être très fort pour résister aux pressions de la bande.

Certains petits chefs de bande usent violemment de leur pouvoir pour vous entraîner dans des histoires louches comme s'il s'agissait d'actes de bravoure. Il est beaucoup plus courageux de leur résister, de garder son sens critique et d'oser ne pas faire tout comme les autres. Et s'il le faut, de QUITTER LA BANDE. Ceux qui se moquent de cela ne sont sans doute pas capables d'avoir ce courage.

La peur physique rend souvent lâche et c'est bien compréhensible. C'est là-dessus que jouent les grands qui rançonnent les petits à la sortie de l'école, ou ceux qui se mettent à plusieurs pour attaquer un individu isolé.

C'est très important d'oser en parler aux adultes tout de suite, parce que c'est une chose très grave. Si les adultes ne vous prennent pas au sérieux, insistez jusqu'à ce que vous en trouviez un qui puisse vous aider. Sachez aussi que ceux qui vous menacent ne sont pas toujours aussi forts qu'ils veulent en avoir l'air. C'est en parlant avec des adultes qu'on peut s'en rendre compte.

Le suicide est aussi une violence, c'est une violence contre soi-même. Il vient comme une réponse à une violence qu'on aurait subie et par laquelle on s'est laissé vaincre. C'est aussi une façon indirecte de faire violence à son entourage en le payant de sa vie. Une grande envie de mourir, c'est aussi une grande envie de vivre une autre vie que la sienne. On croit qu'on voudrait mourir, alors qu'on voudrait naître à autre chose.

Quelquefois, dans une relation avec quelqu'un, on sent une violence qu'on ne comprend pas monter en nous. Cela peut faire peur ou donner des sentiments de culpabilité. Le mieux à faire, c'est d'essayer de chercher la source de cette violence. On peut comprendre alors en quoi on a été vraiment agressé par l'autre, sans même s'en rendre compte parfois, ou pourquoi on a cru être agressé alors qu'on ne l'était pas.

C'est par LE LANGAGE, LA CRÉATIVITÉ sous toutes ses formes et LA CONVIVIALITÉ qu'on peut ventiler la violence et la souffrance. On l'exprime, on la joue, on la met en scène ou en musique au lieu de la subir. En partageant avec d'autres les sentiments que la violence nous fait éprouver, on l'exorcise. C'est sans doute parce que la société fait subir une grande violence aux adolescents d'aujourd'hui qu'il y a tant de groupes de "hard rock" qui font de la musique une réponse à la violence ambiante.

Le piège, c'est que de plus en plus, on a tendance à consommer la culture individuellement avec son walkman, sa télévision, sa bande dessinée. Ou alors quand on se regroupe, c'est pour consommer passivement. S'il n'y a pas de communication, de discussion à propos de ce que l'on a vu ou entendu, de création, ce n'est vraiment pas la peine de se regrouper.

C'est pour cela qu'il faut chercher par tous les moyens à trouver des groupes où on peut se retrouver ensemble pour échanger ses idées sans perdre son sens critique et créer quelque chose.

Quelquefois, ces groupes sont organisés par les mairies ou les institutions religieuses. Il ne faut pas s'arrêter aux étiquettes, en adhérant ou en s'opposant systématiquement aux convictions des parents. Ce qui compte, c'est le résultat : l'important, c'est d'être bien ensemble, de ne pas se croire obligé d'être là.

Si on ne trouve pas de groupe constitué, il faut le créer soi-même. On peut toujours trouver un ou plusieurs adultes pour aider. Mais pour cela, il faut commencer par demander, sinon rien ne se passe. Pour réveiller l'envie d'aider, il suffit souvent d'avoir une idée et d'en parler. Quelquefois l'effet est magique, il faut oser ▮

### Myriam, 14 ans et demi

Maman, j'ai mal, maman, arrêtons de nous faire mal, maman, j'ai trop mal. Pourquoi hier c'était encore la "crise" ? Pourquoi tu ne peux pas m'écouter ? Pourquoi tu ne veux pas m'écouter ? Pourquoi tu m'obliges à me sauver ? Pourquoi tu dis que je t'oblige à me frapper ?
J'ai presque 15 ans, maman, c'est quand même pas mal grand, non ? Surtout quand on s'est tapé ce que je me suis tapé : les placements, les déplacements, les familles d'accueil pas toujours accueillantes, les assistantes sociales pas toujours sociales, les écoles jamais la même, les éducs et j'en passe.
Maman, j'ai mal partout, j'ai trop pleuré, j'ai plus de larmes, je préfère mourir, car peut-être, je ne sais pas, je vais trouver papa, retrouver papa.
C'est quand même pas ma faute si mon père est mort.
J'ai rien demandé, j'ai rien voulu, j'y suis pour quelque chose ? C'est pas ma faute si j'ai les mêmes yeux que lui.
Maman, comprends-moi, écoute-moi... il n'y a rien à faire, je le vois bien.
J'essaie de te parler mais, je le vois bien, ton visage est contre, anti-moi, je le sais, je le vois dans tes yeux, sur ta bouche qui se relève un peu, tes épaules qui se haussent légèrement, tout ton corps est tourné ailleurs et je sais déjà que tu ne m'écouteras pas, qu'à l'avance j'ai perdu, qu'à l'avance je suis une salope, une pourrie qui ne sait faire que du mal à sa mère.
Qu'est-ce que je peux faire pour que tu me voies ?
Alors, bien sûr, j'en rajoute.
Je hurle, je vocifère, j'insulte, je deviens "folle" pour que tu me voies, que tu jettes un regard sur moi, que tu finisses par me tabasser parce que comme ça, au moins, tu t'intéresses à moi.
Parfois j'ai peur que tu me tues, parfois j'aimerais bien.

### Jérôme, 17 ans

*Il y a différentes choses qui sont dures dans la vie, il y a des problèmes de famille et puis il y a l'ambiance des quartiers.*
*Je connais la justice, je connais différentes choses comme les bagarres de rues, à une époque j'étais bagarreur de rues. Tout ça c'est mélangé dans la délinquance. On ne sait même pas comment on a fait pour faire partie de la délinquance. On trouve un groupe de jeunes, des collègues du quartier ou des collègues de toutes sortes d'endroits et on marche avec eux.*

### César, 17 ans

Je m'intéresse aux singes parce que là je suis calme, je parle, j'aime bien parler mais il y a des jours où je suis agressif, de mauvaise humeur, j'en peux plus ; j'en ai tellement marre des autres que je deviens méchant, je rabroue tout le monde, je ne supporte plus personne.
Alors j'aime les singes parce que les singes, c'est la force, la brutalité ; j'aurais pu aimer aussi les fauves, mais les fauves c'est trop félin, c'est pas assez brute.
Un chimpanzé qui se déplace, qui vous regarde comme ça... c'est tout ridé, ça a une mâchoire proéminente, c'est puissant, extrêmement puissant : c'est plus petit que vous, 1,50 m maximum et ça peut peser jusqu'à 90 kg, c'est aussi fort qu'un gorille pratiquement.
Et puis c'est beau. On se dit "Oh ! là ! là !" Même quand deux chiens se battent, deux chiens qui montrent les dents, le poil hérissé, les yeux en feu... je ne suis pas sadique mais j'aime bien regarder ça.
J'aurais aimé être comme eux, j'aurais aimé être comme les singes, j'aurais aimé ne pas penser, ne pas réfléchir, ne pas toujours tout remettre en cause.
Quand j'étais petit, j'étais dans un centre d'handicapés, et là c'était parfait, c'était la belle vie, c'était le paradis, mais dès que je suis arrivé dans une école normale, une école primaire, alors là, ils étaient cruels avec moi les mômes, j'ai pleuré plus d'une fois.
Tous les enfants pleurent, quand on est jeune on pleure facilement bien sûr, mais j'ai vraiment pleuré petit.
C'est pour ça ils ne peuvent pas me toucher les autres, je ne les aime pas tellement.

### Thierry, 16 ans et demi

Moi ça dépend, il y a des jours où je ne me mets pas en colère alors qu'un type est salaud et d'autres jours où un petit mot de travers et, ça y est, ça me met dans tous mes états. Et encore quelquefois, je suis tellement coléreux que sur le coup, je ne dis rien, je m'en vais, et arrivé chez moi, j'éclate, je chiale dans mon lit : "Mais qu'est-ce qui m'arrive, qu'est-ce que je fais là ?"

### Cécile, 16 ans et demi

Je pense que l'adolescence, ça pose un problème aux parents car en nous voyant grandir, ils se sentent vieillir et ils ont du mal à accepter cette réalité. Le problème qui se pose, c'est qu'ils nous prennent pour des enfants, alors qu'on l'est de moins en moins, ce qui entraîne des conflits.

### Stéphanie, 14 ans

Ma tête est une boule de feu, je trouve la société assez dégueulasse. Tout est à jeter, tout est pourri, faudrait tout, tout refaire, les gens sont paumés. Les jeunes, nous ! ! ! Je crois que sous des allures d'ados sûrs d'eux, sous des allures de prétention, sous beaucoup de paroles, d'agressivité, de refus, de provocation et de rejet de tout, il y a un malaise dingue, une envie de vivre, de crier, de chanter, de rire, de passion, mais tout s'étouffe. Je veux dire la vie maintenant pour moi, comme pour les autres en général, n'est pas chouette. On est mal, l'oxygène est étouffant.
C'est pas la joie en ce moment, le monde s'ennuie. Pour ma part, je m'ennuie et je ne crois pas qu'il ne tient qu'à moi d'être heureuse. J'aimerais une vie passionnée, des rires et des pleurs, de forts sentiments, pas du blabla, pas de l'habitude, du lever 6 h et demie puis car, école, car, maison, dodo ! Je voudrais donner, aimer, pouvoir réussir, mais c'est si dur, je ne fais que des conneries. J'essaie de changer dans moi, seulement je me rebiffe par rapport aux autres.

**Karine, 17 ans**

L'adolescence ressemble au vide. Avec qui parler, où trouver le livre qui définirait les notions de puberté, de liberté, de violence, d'expression, de raisons ou pas de vivre et d'exister ? Comment nous faire entendre par tous les murs qui nous entourent ? Evidemment certains adolescents tentent et réussissent parfois à s'exprimer sans pouvoir toutefois tout dire. Ce que la vérité peut être dure parfois !

Tout le monde a le droit d'exister et de s'exprimer, n'est-ce pas ? Alors nous aussi, qu'on ne nous cache plus la vérité et qu'on nous laisse dire à cœur ouvert ce que l'on pense de l'amour, de la politique, des relations humaines, du lycée... J'ai 17 ans, j'étouffe.

**Sylvie, 17 ans**

Même si notre société paraît complètement dépravée et violente, etc., nous, on y est habitués et on vit dedans sans aucune crainte, alors que les adultes nous voient toujours comme des enfants incapables de prendre leurs responsabilités. Et donc ils n'ont aucune confiance en nous, tandis que nous, on doit leur faire entièrement confiance alors qu'ils sont racistes et menteurs ; en plus, ils parlent toujours de la guerre, des guerres nucléaires, etc., mais nous, on ne veut pas vivre dans l'idée de la mort, on veut vivre...

**Dorothée, 17 ans**

L'avenir est un mot que je vois pas encore dans ma tête. Pourtant la peur de ne pas avoir de métier, qu'une personne proche meure me fait frisonner, cela me fait peur. J'ai aussi la trouille qu'une troisième guerre mondiale éclate (ce qui nous anéantirait à jamais), mais aussi qu'il n'y ait plus de nourriture sur terre ▌

paroles pour adolescents ou le complexe du homard

# Le vol

Quand on parle des adolescents, on en vient souvent à parler de la délinquance. Un délinquant, c'est quelqu'un qui n'arrive pas à vivre selon les préceptes de la morale et des lois qui veulent qu'on ne vole pas et que l'on n'agresse pas les autres.

Mais pourquoi certains adolescents n'arrivent-ils pas à s'empêcher de voler ?

A l'adolescence, il y a beaucoup de nouveau. Tout à coup, les copains, la bande, le groupe deviennent très importants. Pour sortir ensemble, voir et faire des choses intéressantes, il faut malheureusement de L'ARGENT. Pour être à la mode et se sentir jolie, il en faut aussi. Chez les garçons – vous allez peut-être en rire, mais c'est vrai –, le nouveau, ça tourne beaucoup autour des bourses. Alors ce n'est pas étonnant qu'ils essaient de remplir celle qu'ils ont dans la poche...

A l'adolescence, on se retrouve taraudé d'ENVIES et de besoins matériels dans une SOCIÉTÉ TENTATRICE qui vous provoque en étalant toutes ses richesses, alors que soi-même, le plus souvent, on n'a jamais eu la responsabilité d'un budget, si petit soit-il. Ce n'est pas facile de résister, dans ces conditions.

C'est d'autant plus difficile que tout cela arrive au moment où l'on commence à comprendre comment fonctionne notre société, et que, souvent, on perd ses illusions sur les "grandes personnes".

Voler, mentir, c'est toujours une façon de dire quelque chose, de dire qu'on n'est pas heureux, qu'on ne se sent pas compris, qu'on voudrait plus d'argent de poche, qu'on voudrait changer de vie, qu'on éprouve un sentiment d'injustice. Une fois le vol ou le mensonge découvert, on est puni, ce qui est juste. Mais ce qui est dommage, c'est que trop souvent, on ne parle pas de ce qui est "mis sur le tapis" par ce vol ou ce mensonge, qui sont en vérité des moyens de dire que quelque chose ne va pas. Bien souvent, c'est pour cela qu'on recommence. C'est déroutant et même douloureux. Alors, c'est parfois la déception qui amène à la délinquance.

Quelquefois, on vole parce qu'on est PRESSÉ DE GRANDIR. On voudrait déjà être arrivé quelque part, sans d'ailleurs savoir vraiment où, mais en tout cas "plus loin". On s'impatiente et on se déguise en "grand". En volant, on s'accapare une panoplie de grand, ce qui, dans notre société, veut dire s'emparer d'objets qui coûtent de l'argent et qui vous donnent une impression de liberté.

Ce qu'on cherche à éprouver, c'est un sentiment de liberté ou de richesse intérieure, et voilà qu'on se retrouve en train de voler des choses ou de l'argent, parce que l'on n'a pas vraiment compris ce que l'on cherchait. Le piège, c'est que l'on est souvent entouré d'adultes qui s'imaginent que pour combler leur sentiment de vide intérieur, il faut qu'ils possèdent des objets. Là où il faudrait mettre des paroles, ils mettent des choses.

C'est souvent difficile de résister à la tentation dans une société où pour bien réussir matériellement, pour gagner beaucoup d'argent, il faut soit faire des études brillantes, soit devenir un champion sportif ou une vedette du show-biz. Tout le monde n'est pas doué pour l'une ou l'autre chose et malheureusement, notre société nous fait vivre à la fois dans le mythe du bonheur matériel et la peur du chômage.

Pour se donner l'illusion qu'on est quelqu'un de bien, qui a "réussi", on se met alors en faute vis-à-vis de la loi et ensuite, on risque de ne jamais parvenir à son but. Il vaudrait mieux accepter le fait qu'on est au point de départ de sa vie, que l'on a encore à grandir et qu'on ne peut pas se montrer comme si l'on était arrivé à l'âge adulte. La PATIENCE, c'est très utile.

Grandir pour un humain, c'est être de plus en plus responsable de ses actes. C'est une vraie chance de rencontrer des adultes qui savent vous punir tout en vous aidant à comprendre la signification de votre acte sans vous culpabiliser. Quand on a volé, forcément ON SE SENT COUPABLE et on risque de le payer cher. Mais quand on a compris soi-même pourquoi on a agi ainsi, et qu'on a la CHANCE de trouver un adulte à qui l'on peut parler et qui peut entendre ce que l'on veut dire à travers le vol, alors on devient responsable, on grandit, on mûrit et on ne recommence pas. Se sentir responsable, c'est la seule chose qui aide vraiment à ne pas recommencer.

On entend souvent dire "pas vu, pas pris" comme si le vol n'était grave que si l'on est pris par un représentant de la loi. C'est faux. C'est dommage qu'un jeune vole sans être vu ni pris, car il n'est pris sur le fait ni par les autres ni par lui-même. Il agit comme s'il était un animal, comme le chien par exemple, qui dérobe, qui chipe sa nourriture sans y penser. Il n'a pas l'occasion de se dire ou de s'entendre dire : "Ce n'est pas digne d'un être humain, ce que tu as fait là." L'être humain est celui qui peut toujours mettre des mots sur ce qu'il fait, qu'il prenne ou qu'il donne. Ce qui fait la différence entre les groupes humains et les bandes d'animaux, c'est que les humains se donnent des lois, qu'ils les énoncent, qu'ils les suivent (dans la majorité des cas) et que si certains les enfreignent, on en parle et ils encourent des sanctions.

Souvent on utilise un vocabulaire minimisant pour parler du vol : emprunter, chaparder, faucher, piquer, chiper, TAXER. C'est un piège car on utilise là un vocabulaire de bébé, comme pour se déresponsabiliser, alors qu'on sait très bien qu'il s'agit en réalité de vol. Certains ont la malchance, depuis qu'ils sont petits, d'avoir

paroles pour adolescents ou
le complexe du homard

des parents complices de ce qu'ils appellent leurs "chapardages", alors que c'est déjà du vol, et que pour grandir, il faut apprendre à appeler les choses par leur nom. Il arrive aussi qu'on présente le vol comme un acte de courage, alors qu'il s'agit bien plutôt d'un acte imbécile d'irresponsabilité.

Le vol, même d'une petite chose, c'est donc toujours grave. Mais il n'est pas nécessaire de le dramatiser. Ce qu'il faut, c'est S'EN SORTIR. Il y a bien d'autres moyens de se valoriser en société que des actes de délinquance. L'injustice sociale peut donner envie de voler, mais il est beaucoup plus malin et courageux de s'instruire pour devenir un jour quelqu'un qui pourra faire changer les lois injustes, ou d'acquérir vite une compétence qui permettra de GAGNER SA VIE. L'inégalité des chances est une réalité. C'est une injustice, mais le vol n'est pas une façon intelligente d'établir l'égalité.

C'est bien plus valorisant d'être débrouillard, de savoir s'assurer son argent de poche, de prouver son esprit d'entreprise et son imagination ▮

**Jérôme, 17 ans**

*Ça vaut rien des trucs comme ça. C'est comme la dernière fois, quand j'ai eu ma dernière arrestation, le flic il m'a fait : "Tu en as fait 100, 99 pour toi et une pour moi." Ça creuse, ça fait réfléchir des trucs pareils. Ça veut dire que t'as réussi à faire tes conneries et qu'à la 100ᵉ tu tombes.*

*De toute façon la délinquance, ça ne mène à rien. Piquer à droite et à gauche, ça sert à rien puisque le pognon, il s'en va.*

*Moi, depuis deux ans, je suis souvent seul, je suis un peu marginal parce que les mecs du quartier, depuis que j'ai cessé d'être délinquant, je ne les fréquente plus, je les évite. Pour la plupart ce sont des voleurs, des drogués ou des trucs comme ça, alors je ne marche plus avec eux, je gambade seul. Et puis ça me porte conseil, ça me fait réfléchir, la solitude ▮*

# La drogue

La drogue est un des grands pièges de notre époque, non qu'elle tue autant que les accidents de mobylettes et de motos, mais elle RAVAGE insidieusement des vies en plein DEVENIR. Si on s'en sort au bout de quelques années, c'est bien souvent trop tard pour réussir sa vie sociale.

En fait, il y a plusieurs sortes de drogues. Les dures et les douces, dit-on d'habitude. On pourrait parler aussi de drogues licites comme le tabac, l'alcool et les médicaments prescrits par des médecins, et de drogues illicites comme l'héroïne, la cocaïne et le crack (encore peu répandu en France), qui sont des "drogues dures", et l'herbe et le haschich, qui sont des "drogues douces". On pourrait dire ainsi que l'alcool, drogue licite, est une drogue dure et que le tabac, autre drogue licite, une drogue douce.

Qu'y a-t-il de commun à toutes ces drogues? D'abord le fait qu'elles induisent une DÉPENDANCE, qui peut être plus ou moins forte. Avec les drogues dures, la dépendance est physique et très forte. Le corps est en manque et ce manque est si douloureux que l'on est prêt à tout pour le combler. Certains volent, d'autres vont jusqu'à tuer. Dans cet état, il n'y a plus de liens d'amitié ou de famille qui tiennent. On a besoin d'argent pour acheter de la drogue, on le prend où il est, on agresse qui en a, s'il le faut. C'est cela qui est dramatique dans la drogue : elle fait de vous un être qui n'a plus de liens véritables, sauf avec sa drogue. CE N'EST PLUS HUMAIN DE VIVRE COMME CELA. Avec les drogues douces, la dépendance est moins physique. Elle est surtout mentale. C'est une habitude très puissante dont on a du mal à se défaire. Mais l'habitude n'est-elle pas aussi une drogue ?

Il y a autre chose que les drogues ont en commun. Qu'on les avale, qu'on se les injecte ou qu'on les fume, on cherche à combler un VIDE INTÉRIEUR avec ces substances. Elles sont des objets qui essaient de remplacer des paroles, des échanges ou une créativité que l'on n'arrive pas à sortir de soi. On souffre d'isolement et la drogue vous piège en vous isolant encore plus.

Quelquefois, on parle de "se fixer" pour dire qu'on se drogue et c'est vrai que quand on est complètement paumé, on cherche un point fixe auquel s'ancrer. Mais quand on cherche ce point dans la drogue, on se retrouve coincé.

Peut-être que certains se droguent parce que vers l'âge de sept ou huit ans, alors qu'ils auraient dû commencer à devenir autonomes par rapport à leurs parents, ils n'y ont pas réussi. Ils ont perdu toute relation véritable avec leurs parents, n'ayant que des copains qui exercent sur eux leur influence à la place de celle qu'exerçaient les parents. Ce genre de copain pousse souvent à se droguer. On se retrouve alors sous une double dépendance, celle des copains plus celle de la drogue. Toutes les dépendances – quelles qu'elles soient – sont mauvaises.

Quelquefois, c'est le manque d'intérêt pour ce que l'on fait qui pousse à se droguer. C'est toujours grave de s'ennuyer et il faut absolument oser en parler avec les adultes dont on dépend. Oser par exemple remettre en cause une orientation que l'on ne sent pas bonne pour soi, avant qu'il ne soit trop tard, au lieu de se dire que ça s'arrangera, car c'est bien rare que cela s'arrange tout seul.

Parfois c'est le MANQUE D'AMOUR qui pousse vers la drogue, l'impression que l'on n'est pas aimé et de n'aimer personne. Il y a des moments comme cela dans la vie de tout le monde. Il ne faut jamais se décourager, car ce qui rend le plus heureux, c'est d'aimer et non pas d'être aimé. Mais pour aimer, il faut commencer par s'ouvrir un peu aux autres.

Dans la drogue, on trouve un sentiment de DÉRÉALISATION, plus rien n'est comme dans cette réalité que l'on ne supporte plus. On fuit sa tristesse en se remplissant l'estomac, les veines ou les poumons avec quelque chose de bon, comme on était rempli de "bon" autrefois par sa maman ou la personne qui vous nourrissait avec affection. On "s'encoconne" dans une sensation passée que l'on cherche à retrouver comme un papillon qui, déçu par sa vie ailée, voudrait retourner à sa vie de chenille dans son cocon.

Le paquet de cigarettes à portée de la main, c'est avoir le moyen de recréer autour de soi et en soi un MICRO CLIMAT RASSURANT ET PERSONNEL. C'est aussi une façon de mettre l'autre à distance pour travailler ou pour penser. Pour certains, dont les parents fumaient, c'est une façon de retrouver une atmosphère agréable, quand les grandes personnes réunies parlaient ensemble avec plaisir, sans que l'enfant soit le centre de leurs préoccupations.

C'est aussi, sans qu'on s'en rende compte, une réminiscence de la bonne époque où on tétait le sein de sa mère ou un biberon donné avec amour par quelqu'un tout occupé de nous.

La drogue, c'est toujours quelque chose de SÉRIEUX. Faire l'expérience d'une cigarette de tabac ou de haschich, ce n'est pas un drame, mais dès que l'on se sent en danger par rapport à ça, il faut absolument trouver le COURAGE d'aller en PARLER À UN ADULTE DE CONFIANCE avant que cela n'aille plus loin. Une bonne engueulade, ce n'est rien à côté de ce qui se joue là. Une sévère punition familiale n'est jamais insurmontable, alors qu'une sanction légale peut briser une vie. Mine de rien, ce qui se joue là, ce sont quelquefois des questions de vie ou de mort.

Quand il s'agit de drogue, tout est piégeant. C'est souvent la curiosité qui amène à essayer la drogue. On croit que ce sera juste pour voir et que, contrairement aux autres, on saura garder ses distances, on saura s'arrêter tout de suite. Le tabac, l'herbe ou l'alcool partagés peuvent donner une sensation d'euphorie, on se sent bien, on parle plus facilement, on se sent moins timide, c'est agréable. Il faut s'arrêter là. Au-delà, ON PERD LE CONTRÔLE DE SOI et de nouveau, on se retrouve enfermé dans sa SOLITUDE.

C'est d'ailleurs comme cela que l'on devient alcoolique. Les alcooliques sont des gens plus sensibles que la moyenne. Ils ont du mal à parler, ils sont gênés par leur anxiété. L'alcool les désinhibe, ils se sentent plus forts, sûrs d'eux, moins anxieux, moins timides. Et l'alcool est en vente libre! De fil en aiguille, ils se font piéger par cette drogue si banalisée par la société. Nous sommes très inégaux devant l'alcool, ceux qui deviennent rapidement alcooliques sont ceux qui le supportent physiquement le moins bien, leur organisme est plus rapidement intoxiqué, ce ne sont par forcément ceux qui boivent le plus. Les alcooliques sont des gens fragiles qui ont pris appui, pour faire face à une société trop dure pour eux, sur une drogue banalisée par la société qui y trouve son compte et qui les prend au piège.

Avec les drogues dures, attention : la dépendance arrive TRÈS VITE et on se retrouve COINCÉ comme les autres sans avoir eu le temps de s'en rendre compte. Cette réalité est bien connue des dealers, qui commencent souvent au début par donner de la drogue aux adolescents pour presque rien jusqu'à ce qu'ils soient ACCROCHÉS. Certains adultes qui connaissent la faiblesse des adolescents, et veulent utiliser le fait qu'ils sont dans une situation particulière par rapport à la loi, sont prêts à tout pour les piéger dans la drogue – le plus souvent dure – et essayer d'en faire des dealers. On peut les rencontrer partout et ils peuvent avoir l'air très sympathiques! La consommation de drogue est presque toujours liée à un groupe de copains. Comme le besoin de copains et d'amis est vital, c'est difficile de résister à leurs pressions. On a peur d'être rejeté par le groupe et de se retrouver tout seul. Il faut trouver la force d'oser ne pas être comme eux, souvent on est étonné de voir combien cela suscite le respect, de voir qu'on est accepté avec sa différence.

**Q**uand cela ne se passe pas ainsi, on est obligé de quitter ses copains pour quitter la drogue. C'est dur mais ça vaut toujours le coup. C'est fort d'affronter une solitude provisoire pour sortir d'une aliénation qui conduisait à la mort ou à la déchéance.

**L**a curiosité, c'est la meilleure et la pire des choses à la fois. Il faut savoir garder son esprit critique pour ne pas prendre de risques dangereux. Quand les autres vous poussent à oser essayer, il faut NE PAS OSER. Dans ce cas-là, c'est plus courageux de ne pas oser que de suivre les autres, pour être conforme au moule que l'on veut vous imposer de force.

**Q**uand on s'est laissé piéger par une drogue – quelle qu'elle soit –, il existe des gens et des institutions qui peuvent vous aider. Le piège, c'est que quelquefois on est persuadé rationnellement que l'on veut s'en sortir et on n'est pas prêt au fond de soi. Le risque, c'est d'entreprendre une désintoxication à ce moment-là, car ça ne peut pas marcher, et dans le fond, ça n'aura servi qu'à vous persuader que vous ne vous en sortirez jamais. Ce qui est faux. Pour se donner toutes les chances de réussir une désintoxication, il vaut mieux attendre le moment où on se sent prêt à subir cette épreuve, plutôt que de s'y prêter uniquement pour faire plaisir à son entourage. Il faut aider ce moment à arriver en parlant beaucoup avec des adultes de confiance.

**C**omme chaque fois que l'on a trop de difficultés à vivre – et c'est le cas de la drogue, des violences familiales, de la déliquance, des échecs scolaires – on peut faire, pour s'en sortir, une psychothérapie analytique. Un psychanalyste, c'est quelqu'un qui, à travers les rencontres avec vous, vous aidera à vous prendre en responsabilité par rapport à qui vous voulez et pourquoi pas, par rapport à lui-même, ce psychanalyste qui est en face de vous. Si on arrive à lui dire ce que l'on pense en comprenant qu'on n'est pas là pour le manœuvrer, ni pour être manœuvré, ni pour être détaché des parents, ni pour y être plus attaché, et encore moins pour être orienté en fonction de ce qu'on lui aura dit, alors on arrive à l'essentiel. C'est un travail à deux à faire avec le psychanalyste. Au bout de ce travail, on se sent plus libre et plus fort pour se prendre en charge.

La psychothérapie psychanalytique, ça aide à faire sa mue, à ne pas se laisser détruire par la vie dans cette période si fragile, si vulnérable pendant laquelle on a quitté son ancienne carapace et pas encore sécrété la nouvelle. Heureusement, tout le monde n'en a pas besoin ▮

---

**Jean-François, 16 ans**

En prenant ces drogues, on se crée un monde de projets imaginaires, de vie professionnelle imaginaire. On a l'impression d'être plus adulte. On se fait des projets à la hauteur d'un adulte. Mais on ne l'est pas et ça, on ne le sait pas. Et puis de temps en temps on se rend compte que ça ne tient pas, alors on déprime et on en reprend de plus en plus car le corps s'habitue. On devient dépendant. On ne peut plus rien faire sans. On ne sort plus, on s'ennuie avec les gens. Alors qu'avec ces dopants, on a l'impression qu'on passe des "super soirées" avec des gens super intéressants.
Quand on arrête, on se rend compte que tout est nul, qu'on a rien fait. Zéro plus zéro, cela a toujours fait zéro.

**Marie-Christine, 18 ans**

La came, ça annule tout sur le plan sexuel. Il n'y a plus de désir aussi bien chez les garçons que chez les filles. Et si par hasard, on a envie de faire l'amour, on n'y arrive pas, on se sent frustré. Quand on est vraiment intoxiqué, on finit par ne plus donner de place aux relations sexuelles.

**Nicolas, 16 ans**

Les drogués, je les comprends. En général, c'est des mecs qui vont très mal, même si c'est pas un moyen de s'en sortir, au contraire. Mais y en a d'autres qui sont vraiment débiles. Ils font ça pour faire bien : y a un grand qui se pique, alors ils veulent faire la même chose.

**Eliane, 16 ans**

*Je connais des jeunes qui se droguent avec des espèces de dopants, qui sont en vente libre en pharmacie et qui ne coûtent pas cher du tout, ce que j'appelle moi "la drogue du pauvre".*

**Eric, 16 ans et demi**

J'aime bien boire un coup avec les copains, être gai, mais pas malade. Tout seul, je ne boirai jamais. Je préfère un bon bouquin.
En fait l'alcool, ça peut se goûter comme un bon gâteau, mais les jeunes qui se soûlent la gueule à la bière, qui se vantent du genre "Je tiens 3 litres au cent", ne pensent pas à apprécier. Alors là, il n'y a pas de différence avec une drogue douce. A terme, ça déglingue tout autant.

### Muriel, 16 ans et demi

Lorsque des questions se posent à nous sur la société, la nôtre, sur les gens qui passent ou que l'on croise et qui disparaissent, sur le travail que l'on rêve et la réalité de sa minimité, sur le bonheur qui reste un mot de sept lettres, sur l'amour qui court toujours et s'attrape pour se consumer trop vite, sur mille et deux détails quotidiens, comme réponses plusieurs solutions-fléaux.
- Le suicide qui veut que l'on se repose pour une petite éternité.
- Le dérapage dans la drogue voulant que l'on se laisse aller à des décors troués de toutes parts.
- L'ouverture en soi du coin caché : violence-haine qui actionne la marche de la destruction de soi par celle des autres.
- Et la folie douce, l'évaporation des idées et de gestes rapides, inconséquents qui disent : "Je veux faire vite et rire et imaginer et pour un moment être passionnée en grandissant tous les sentiments. Devenir folie d'un instant pour vivre au moins cela en le sentant."
Le blocage des idées trop matérielles a fait que sur la feuille on ne veut plus en parler et qu'on laisse aller les mots/maux de sa pensée, mais être bien et y croire c'est pas la mer/l'amer à boire.

### Sylvie, 17 ans

*A 14 ans, j'ai commencé à entrer dans le milieu de la drogue, j'ai été très loin. C'est un milieu terrible, c'est un monde qui vous rappelle sans cesse. On est coincé dans un réseau d'appels téléphoniques, de soi-disant soirées. C'est un monde qui peut engendrer la prostitution. Et ça, c'est le contraire de la vie. C'est la mort. Et puis il s'est passé chez moi comme un instinct formidable de survie. Mes parents m'ont aidée à rétablir un entourage et un mode de vie équilibré.*

### Eléonore, 16 ans et demi

Moi je suis d'un milieu bourgeois, je me suis retrouvée dans un tout autre milieu. Quand j'ai commencé à me droguer, c'était contre ma famille, je voulais la mise à mort de mes parents, mais au lieu de cela ça a été ma mise à mort. C'était aussi pour échapper à l'autorité parentale mais dans le milieu dans lequel je me trouvais, je faisais office d'émissaire et j'étais complètement soumise à une autre sorte d'autorité sous forme de chantage. Au début je ne me sentais pas vraiment acceptée, alors j'en ai rajouté, j'ai été le plus loin possible. Maintenant que je m'en suis sortie, je me rends bien compte des choses et ne souhaite à personne ce genre d'expérience.

### Antoine, 17 ans

*Le tabac, je sais que c'est dangereux. On a du mal à s'arrêter, mais moi j'éprouve pas le besoin d'arrêter. Faut dire que c'est plus une occupation qu'autre chose. Quand on fait rien, quand on s'ennuie, on a envie d'une cigarette. Mais hier, par exemple, je n'en avais pas, ça ne me gênait pas, parce que j'avais des tas de choses à faire.*

### Guillaume, 17 ans

**Avec la drogue, on oublie l'hygiène quotidienne, on ne se change pas. On vit en débraillé, dégueulasse. On pique du nez, comme un avion qui pique du nez et va s'écraser dans un ravin. Il y a une espèce de dérapage vers la vie nocturne. On oublie le rythme de la vraie vie.**
**La vraie vie, ce n'est pas se réveiller à 3 heures de l'après-midi, manger n'importe quoi, n'importe comment. La seule chose dans cette vie de merde qui importe, c'est de se "mettre au courant" de ce que vont faire les copains, savoir s'il y aura une soirée, s'il y aura de la drogue, d'où elle vient, et si elle est bonne ou pas.**

### Nathalie, 15 ans et demi

Je préfère être seule, parce que après, il y a trop de monde, je ne m'y fais pas. Comme là, par exemple, ma tante elle a eu un petit bébé, j'étais invitée au baptême et tout, j'ai été obligée de partir, je peux pas. Y avait du monde, je connaissais personne, eux me connaissent, ça m'énerve, et je suis obligée de partir. Je ne me sens pas bien quand il y a trop de monde, ça rigole et tout, c'est bien mais... Je voudrais être pareille qu'eux, me mettre à rigoler et tout mais je ne sais pas, je n'y arrive pas.

### Corinne, 15 ans et demi

**C'est surtout les garçons qui boivent. Pour eux, c'est une façon de se défouler. Sous prétexte qu'ils sont capables de se soûler, ils s'imaginent qu'ils sont des hommes. Pour les filles, en tout cas pour moi, c'est plutôt une expérience, comme ça, une fois. Mais si on est malade, ça me donne pas vraiment envie de recommencer.**

### Lionel, 16 ans et demi

Avec la drogue, ce qui est terrible, c'est que tu es pris dans un engrenage. Tu en achètes, et après y a des mecs qui te chargent d'en acheter pour eux, et qui menacent de te casser la gueule si tu leur apportes pas ce qu'ils t'ont demandé. Alors comme ça, tu te retrouves à vendre. C'est comme une espèce de racket et tu ne peux plus t'en sortir.

### Christian, 17 ans

Les vieux, eux, c'est l'alcool. Alors quand je vois une vieille comme il y en a une dans le village, qui est complètement imbibée du matin au soir, ça ne donne pas envie de devenir comme elle. Mais le pire, c'est que si elle entend parler de joint ou de pétard, elle ne supporte pas. Elle dit : "Les jeunes, c'est des nuls". Pour elle, c'est le mal absolu...

**Jean-Claude, 17 ans**

A la télé, j'ai vu des vrais drogués. Pas des types qui se tapent un joint de temps en temps, des types qui se défonçaient vraiment. Ils étaient dans un état lamentable, les yeux rouges. Moi, un jour, j'ai fumé un pétard, j'ai été malade. Mais il ne faut pas gravir les échelons. Je n'irai jamais prendre des drogues dures. Si on m'en propose, j'envoie chier.

**Eric, 16 ans**

*Ce n'est pas en interdisant les drogues douces qu'on empêchera les jeunes de fumer. Ce qu'il faudrait, c'est expliquer les risques, expliquer que si on va plus loin, on risque de ne plus rien faire, de finir comme un clochard.*

**Jean-Marie, 15 ans**

J'avais une copine qui sniffait du trichlo. Elle était en pleine période de cafard, alors elle se tapait ses petits délires. Ça lui détruisait les neurones. Maintenant elle a arrêté. Heureusement, elle n'était pas dépendante.

**Alexandre, 17 ans**

Dans l'escalade de la drogue, il y a un effet qui joue très souvent, c'est "l'effet caméléon". Un drogué cherche à avoir un partenaire qu'il veut rendre à son image, c'est à dire que s'il a vécu quelque chose de très dur, il va faire en sorte que son interlocuteur le vive aussi ▌

On cherche à combler un vide intérieur.

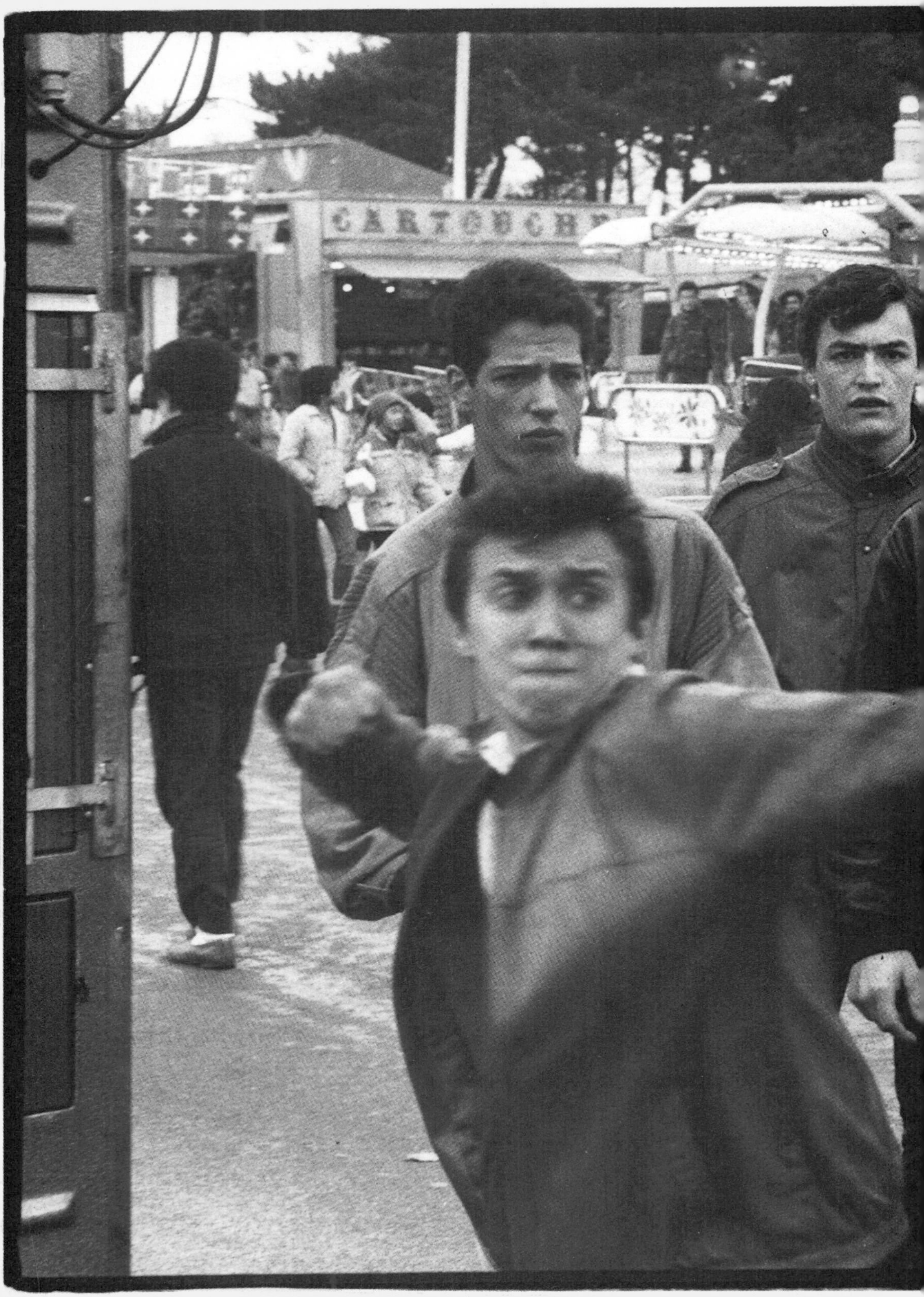


Myr/Le Bar Floréal

En partageant avec d'autres les sentiments
que la violence nous fait éprouver, on l'exorcise.

Quand on est en bande, on se sent fort.

Myr/La Bar Floréal

Bruce Davidson/Magnum

Quand on se regroupe, c'est pour consommer passivement.

On voudrait changer de vie, on éprouve un sentiment d'injustice.

On se retrouve enfermé dans sa solitude.

Grandir pour un humain,
c'est être de plus en plus responsable de ses actes.

Ce n'est pas la joie en ce moment, le monde s'ennuie.

# La honte

La honte, qui fait tellement souffrir, est fabriquée par le regard des autres ou par l'idée qu'on s'en fait. On se compare à l'image idéale qu'on a de soi et on a honte. A l'adolescence, on change à un point tel qu'on ne se reconnaît plus, les yeux des amis sont notre miroir, miroir vivant que l'on interroge sans cesse. Est-ce que je suis bien comme cela ? Si, par malheur, la réponse n'est pas tout à fait favorable, on est blessé et ON SE REPLIE SUR SOI-MÊME. Être occupé par la honte, c'est une façon de ne s'occuper que de soi-même.

Un corps qui se transforme à toute allure et pas toujours harmo-nieusement, c'est bien encombrant. Passer en trois mois du freluquet au malabar ou de la fillette à la pin up, cela crée des secousses. On a souvent honte de ce corps qu'on ne connaît pas encore, avec lequel on est maladroit.

Comme on sait ce que l'on n'est plus mais qu'on ne sait pas encore qui on est, la bande de copains, le groupe dont on s'entoure nous tiennent lieu de personnalité. On est comme une étoile qui se cache dans une galaxie.

Du coup, on n'est pas très à l'aise dans la galaxie familiale, qui ne nous convient plus tout à fait. On a honte de ses parents tandis qu'ils ont honte de nous, c'est gai !

La bande de copains dont on a besoin autour de soi pour se sentir vivre peut se refermer sur vous comme un piège. On s'éloigne des parents parce qu'on les trouve étouffants et on va se faire materner ou paterner par sa bande.

La sécurité qu'apporte la mère à l'enfant, on la retrouve dans la convivialité de la bande, et l'autorité du père, on la remplace par la loi de la bande. Mais la bande, c'est un peu comme un placenta. C'est nécessaire pour vivre pendant un moment, mais c'est du provisoire, il faut la quitter un jour. Se faire porter par un groupe, c'est bien, à condition de ne pas accepter de se faire porter là où on ne veut pas parce qu'on a eu honte de dire que l'on n'était pas d'accord.

La honte, ça fait penser au premier crocus qui sort au printemps éclatant de couleur, plein de sève et de force, et qui est tout honteux de sortir, comme si c'était mal de se faire remarquer par tant de beauté et de désir. C'est terriblement dangereux de s'exposer ainsi parce qu'on peut se faire croquer, c'est le complexe du CROCUS CROQUÉ !

La honte est liée à tous ces désirs nouveaux et forts que l'on sent monter en soi. Les désirs, ce sont des choses très personnelles, on s'expose en les montrant. Est-ce que tout le monde va se mettre à rigoler ou à trouver ça génial ? On ne sait jamais d'avance. Le piège, c'est de ne pas oser se reconnaître des désirs incroyables qu'on n'aurait jamais cru pouvoir avoir un jour.

Il y a de la SEXUALITÉ plus ou moins cachée qui se promène dans tous ces désirs, on explore un monde nouveau, est-ce qu'on est de taille pour y faire face ? Tout cela contribue au sentiment de honte. Comme ce sont des désirs nouveaux, on ne sait pas s'ils sont valeureux ou ridicules, on est encore encombré par le conformisme de l'enfant qu'on est en train de quitter en nous.

Faire honte à quelqu'un, c'est toujours lui faire du mal et parfois, le blesser à mort pour une petite chose de rien du tout. L'éducation à coups de "TU N'AS PAS HONTE ?" peut nous faire douter de toutes nos initiatives, on risque d'éteindre tous les désirs en nous avant même qu'ils ne s'expriment. Les parents qui éduquent comme cela sont souvent des gens qui ont honte eux-mêmes ou auxquels on a fait honte pendant leur enfance.

**D**ans notre société où tout est régi par le commerce, il arrive qu'on ait honte de ne pas avoir d'argent, comme si la richesse matérielle reflétait la valeur humaine de celui qui la possède, alors que les deux choses n'ont rien à voir entre elles. Tout se passe comme si on étalait d'autant plus ses richesses à l'extérieur que l'on doute de ses richesses intérieures. Les richesses cachées sont souvent bien plus intéressantes que les richesses étalées ∎

**Maxime, 15 ans**

La honte, on la ressent quand on est pas complètement bien dans sa peau et qu'on craint toujours les réactions des autres.
C'est surtout face aux copains, quand on se retrouve dans une situation qu'on n'aurait pas souhaitée.

**Alain, 15 ans et demi**

La honte, c'est le look différent. C'est lié à une mode dans laquelle on se situe, une mode qui fait pitié aux autres. Sinon, la honte, c'est aussi un sentiment plus ou moins fort, une sorte d'échec, je crois.

**Nathalie, 15 ans et demi**

Je préfère être seule, parce qu'après, il y a trop de monde, je ne m'y fais pas. Comme là, par exemple, ma tante elle a eu un petit bébé, j'étais invitée au baptême et tout, j'ai été obligée de partir, je peux pas. Y avait du monde, je connaissais personne, eux me connaissent, ça m'énerve, et je suis obligée de partir. Je ne me sens pas bien quand il y a trop de monde, ça rigole et tout, c'est bien mais...
Je voudrais être pareille qu'eux, me mettre à rigoler et tout mais je ne sais pas, je n'y arrive pas.

**Myriam, 14 ans**

Ce soir, j'ai envie, besoin de loin, de chagrin, de peau, de rien. Ma confiance balance, la vie me réduit en ce moment, pas agréable pour un sou, j'ai mal de mon reflet, celui de la glace, celui des yeux qui m'entourent...
J'ai mal de mes gestes, de tout ce trop à vider... je n'y parviens pas, mais zut, culbute, chute, flûte, UT... My god, rengaine, déveine, je n'arrive même pas à écrire ce qui me pèse sur le corazon, Me esta lourd à porter...

**Patricia, 16 ans**

*Esprit du tapage*
*Adolescents sans âge*
*Qui surmontent de trop haut*
*La honte qui ronge leurs os*
*Sourires estompés,*
*Majorité de paumés*
*Les rires ont disparu, rompus*
*Décousus, empyrée foutu*
*Et l'envie de pleurer*
*Parce qu'on est désarmé*
*Faible de nos sentiments secrets*
*Humeurs illustrées de regrets*

**Florence, 16 ans**

La honte, c'est le sentiment de se sentir différent des autres et d'être regardée comme un cas.

**Charlotte, 17 ans**

*Moi j'aimerai pouvoir oser, être moi-même tout le temps avec n'importe qui, faire voir ma vraie personnalité, non pas me cacher derrière un masque, qui est d'ailleurs différent selon les gens avec qui je suis...*

**Patrice, 16 ans**

Quant à la honte, si elle pouvait ne pas exister ! Parfois on a tellement honte qu'on préfère oublier sa honte : la honte, c'est de se sentir rougir au milieu d'une assemblée et de sentir que les autres le voient.

**Martine, 14 ans**

J'ai mal dans ma peau, je me sens nulle, zéro, inutile sur cette maudite planète, je me fais honte au fond de moi. Je repousse toute idée d'indépendance, la vie me fait peur. C'est comme si cette peau n'était plus la mienne.

**Sabine, 17 ans**

De toute manière, pour vivre, il faut aussi être fière de sa petite personne, c'est-à-dire ne pas se laisser marcher sur les pieds.
La honte pour moi est un sentiment de culpabilité. On regrette une action ou un comportement vulgaire ou maladroit.

**Juliette, 16 ans**

Il m'arrive d'être fière de moi.
Cela m'arrive même souvent
car je suis assez dure avec
moi-même. Je fais beaucoup
de musique et quand je com-
pose un morceau, je suis fière
de le faire écouter à tout le
monde. Mais après, quelquefois, j'ai honte. Je me trouve
ridicule avec ma fierté et
tout ça.

**Frédéric, 17 ans**

Pour moi, être fier, c'est quand
j'arrive à faire quelque chose que
je ne pensais pas pouvoir faire.
La honte, c'est l'inverse, c'est
quand je veux réaliser un désir
que j'ai, et que je ne peux pas.

**Virginie, 17 ans**

Personnellement, je ne me sens pas bien dans
mon corps, et par rapport à ça, je ne me sens
pas bien dans ma tête. Ça influe sur mes relations avec les autres. J'ai toujours l'impression
qu'on me regarde. Ça me fait honte, parce
qu'on ne s'intéresse pas à ce que je suis dans
ma tête, à ce que je ressens vraiment.

**Charlotte, 17 ans**

*J'ai honte de parler. Je ne parle pas
beaucoup de mes problèmes à mon
père, ce n'est pas pareil qu'une mère.
Je lui parle pour lui demander s'il
faut faire à manger, je lui parle pour
la maison, pour les courses et puis
c'est tout* ∎

# Une histoire
# à soi

Nous avons tous une histoire, nous somme tissés de cette histoire-là. Elle n'est ni bonne ni mauvaise, c'est une somme de bonheurs, de malheurs, d'incidents, d'accidents, de joies et de souffrances. Tant qu'on n'accepte pas que cette histoire soit bien la nôtre, on ne peut pas la vivre bien. Tant qu'on est dans la NOSTALGIE d'un père ou d'une mère qui seraient différents de ce qu'ils sont, on ne peut pas avancer, parce que toute notre énergie est au service de cette nostalgie. On reste sur place à ruminer sa frustration, on ne s'engage pas sur son propre chemin.

Quand on sent que c'est possible, c'est important de savoir qui étaient nos ANCÊTRES et où ils vivaient.

Faites-vous raconter votre histoire pour mieux vous connaître, mieux savoir qui vous êtes... Cette histoire vous appartient, interrogez vos parents, vos grands-parents et vos arrière-grands-parents, puisqu'il est de plus en plus fréquent d'avoir la chance de les connaître. Les amis de nos parents, les gens âgés connaissent des TRÉSORS D'HISTOIRES qu'ils ne racontent pas parce que personne ne pense à les leur demander. Faites votre arbre généalogique (pour planter là vos parents ?). Comme dit joliment Cocteau, "il faut chanter dans son arbre généalogique". Quand il y a des mystères, c'est intéressant d'en parler, d'en rêver.

Tout cela avec RECONNAISSANCE pour ceux qui vous ont donné la vie et en essayant de faire aussi bien qu'eux, voire mieux, si possible pas plus mal. C'est déjà très bien comme programme d'adolescent.

**A** l'adolescence on revit, sans même s'en douter, beaucoup de choses de son enfance dans les rêves ou dans les fragments de souvenirs, qui sont comme des petits morceaux intacts de notre histoire qui remontent à la surface.

**O**n dit que les gens qui vont mourir revoient très vite tout leur passé. A l'adolescence, l'enfant que nous étions meurt pour se transformer et c'est peut-être pour cela que les souvenirs reviennent si fort. Il ne faut pas en avoir peur. C'est naturel. Il n'y a pas de quoi se sentir bizarre.

**C**haque moment que nous vivons n'est qu'un point sur la trajectoire de notre vie. C'est important de savoir d'où on vient pour mieux comprendre où on va et pourquoi on va dans cette direction. Est-elle bonne pour nous ? C'est toujours utile de se le demander. Comment sommes-nous arrivés ? Bébé "accident" ou bébé longtemps désiré ? Comment a-t-on été accueilli ? Est-on né la tête ou les fesses en avant ? A-t-on été nourri au sein ou au biberon ? Qui nous gardait ? Tout cela, c'est notre histoire, c'est très précieux et on a le droit de la connaître quand c'est possible.

**O**n peut le demander aux parents à condition d'accepter qu'ils ne répondent pas s'ils n'en ont pas envie. Quand on pose des questions sur son histoire, il faut être prudent. C'est bien d'oser, mais attention, les réponses font parfois très mal sur le moment.

**A** l'adolescence, on se remet au monde soi-même, on devient responsable de soi, que l'on ait été un bébé bien accueilli ou pas.

**Q**uand on connaît l'histoire de sa famille, de ses parents, on peut se sentir coupable de ce qu'ils ont fait alors qu'il faut L'ASSUMER sans culpabilité. Le sentiment de culpabilité est un poison violent pour l'être humain. Parfois ce sont les choses cachées dans notre histoire qui sont les plus douloureuses et culpabilisantes, elles nous empêchent d'avancer, de nous développer. Ce passé qui nous encombre, c'est cela qu'on appelle la névrose.

La névrose n'est pas une maladie mais une souffrance, qui peut se transmettre de génération en génération tant qu'on n'a pas compris de quoi il s'agissait.

Un petit événement caché, honteux, dans la vie de quelqu'un peut ainsi gâcher la vie de ses descendants. On peut se libérer de cette névrose en faisant une psychothérapie, par exemple. Même si le PASSÉ est très important, il ne faut jamais oublier que tout se rejoue chaque jour. Aucun passé raté n'empêche d'avoir un bel AVENIR, au contraire ∎

**Frédéric, 17 ans**

Je ne connais pas spéciale-ment l'histoire de ma famille ; mon père l'a faite mais ne m'en a parlé que superficielle-ment. Je ne sais pas si c'est important, mais si on me le prouve fermement, j'y attache-rai de l'importance.

**Joël, 17 ans**

Mes grands-parents paternels étaient agricul-teurs, mon grand-père avait fui sa famille bourgeoise et de ce fait avait été un peu dénigré. Mon nom doit être d'origine juive, sûrement d'Europe de l'Est. Je ne sais pas bien l'histoire de ma famille, bien que mon grand-père maternel, un homme extraordi-naire et d'une culture étonnante, ait fait des recherches généalogiques et réussi à remon-ter très loin. Je trouve ça très important.

**Guillaume, 16 ans**

Il est nécessaire de connaître ses origines, mais il ne faut pas en tenir compte pour constuire sa propre existence ∎

# L'adolescence en question

**Paroles pour les parents**
**et les adultes qui vivent**
**avec des adolescents**

## Françoise Dolto

Paroles pour les parents
et les adultes qui vivent
avec des adolescents
Françoise Dolto

*Conférence de Françoise Dolto au colloque organisé par le Centre Médico-Psycho-Pédagogique
de Vigneux-sur-Seine, le 13 décembre 1985.*

Ce que la psychanalyse nous a montré, c'est la relation profonde, inconsciente, entre chacun de nous et ses géniteurs, les géniteurs de ses géniteurs. Actuellement, on ne remonte pas plus haut que la troisième génération. Tout adolescent, bien sûr, tient de ses deux lignées les caractéristiques, les qualités qui sont les siennes. Mais la névrose ou les éléments psychotiques encastrés qu'il peut avoir viennent de la résonance de situations difficiles, insolubles pour lui actuellement, avec des situations analogues que ses parents, à son insu et quelquefois à leur insu, avaient rencontrées au même âge : l'adolescence du père pour le fils, l'adolescence de la mère pour la fille.

Très souvent, on ne vous en dit rien ; le jeune ne le sait pas et les parents ne vous le disent pas, ou vous ne les connaissez pas. C'est pourquoi, lorsqu'on a suivi des histoires de famille dans des centres d'enfants très atteints où les parents se sont impliqués, on peut s'apercevoir que ce que l'enfant extériorise au moment de l'adolescence (sa difficulté, peut-être son impossibilité de passer, en gardant son équilibre psychique, de l'enfance à l'âge adulte) a déjà été vécu dans la famille, par son père si c'est un garçon, par sa mère si c'est une fille. C'était passé inaperçu, mais la mère, elle, le sait très bien. Elle peut vous en parler et parfois, s'il existe encore, quelqu'un de la génération au-dessus peut lui dire ce qui avait été non dit, et qui avait provoqué un grave traumatisme caché du côté de la grand-mère maternelle pour la jeune fille ou du grand-père paternel pour l'adolescent d'aujourd'hui. Cela n'a rien d'étonnant que nous soyons obligés, lorsque nous parlons d'un jeune, de penser aux références et aux sources de son état maladif dans l'enracinement de son affectivité pour ses parents. Pour vous faire comprendre cela, je vais vous parler des nombreuses occasions où j'ai pu comprendre que ce qu'a vécu quelqu'un à un certain âge va jouer sur son enfant du même sexe au même âge que lui. Cela a été une découverte.

Après la guerre, combien de fois des parents venaient-ils me voir à Trousseau avec un enfant qui avait des troubles depuis deux ans. Un enfant de six ans, de quatre ans. Jusque-là, la vie s'était déroulée comme chez tout un chacun et tout à coup les parents venaient me dire : "Il est devenu incompréhensible. C'est un enfer à la maison.", etc. On leur fait raconter – parce que c'est cela le travail analytique quand on a la chance de voir les parents et de les faire parler de leur enfance. Il y a un grand nombre de gens qui vous disent : "Moi, de mon enfance, je ne sais rien, rien avant dix, onze ans. Ne me demandez rien. Il y a des photos que j'ai gardées mais, moi, je n'ai aucun souvenir intime de rien."

C'est curieux quand même, cela paraît exceptionnel. En tout cas, cela ne m'était jamais arrivé avant la guerre de 1945 – je dis la guerre de 1945 car j'ai vécu aussi celle de 1914 – et pourtant je travaillais depuis 1930 dans les hôpitaux et j'étais psychanalyste depuis 1937. Donc, ce qui était étonnant, c'est que ces gens avaient été des enfants entre deux et huit ans pendant la guerre. Chez ces gens-là, qui avaient été envoyés dans des régions lointaines pour être sauvés physiquement, qui avaient été séparés de leur famille, qui s'en sont sortis parfaitement, il restait une amnésie totale de leur enfance. Et cela se retrouvait dans les difficultés insurmontables de convivialité qu'ils avaient avec leur enfant.

La première fois, tout cela m'a étonnée. La seconde fois, je me suis dit : c'est un fait général. Lorsque quelqu'un ne s'aime pas à une période de sa vie ou s'ignore (complètement) à un moment de sa vie passée, il faut qu'il arrive avec son enfant, parce qu'il l'aime comme il s'aime lui-même, à ceci : il faut – c'est fatal – que cet enfant et lui se débrouillent pour qu'il n'y ait pas contact entre eux. Et comme ne pas avoir de contact, c'est intolérable quand on vit ensemble, eh bien, il se trouve que cela entraîne des contacts clastiques pour qu'il se passe quelque chose. Mais il n'y a pas de véritable lien de compréhension, il n'y a pas de préhension réciproque : on se cogne. Il est très important de penser, devant les difficultés particulières que peut rencontrer un adolescent ou une adolescente, qu'il ou elle est en train de revivre une dette dynamique, dédynamisante, démarginalisante de sa dynamique comme sa mère (pour la fille), ou comme son père (pour le garçon), lorsqu'ils étaient passés par le même âge. Ce qui est curieux ou plutôt ce qui ne l'est pas, c'est que les parents ne peuvent pas les aider. La meilleure des aides pour les gens qui s'occupent d'adolescents, c'est de faire dire aux parents les difficultés d'adolescence telles qu'ils les ont vécues, de le faire avec une personne de confiance qui ne le répètera pas. Leur dire : "Vous avez certainement fait des blagues. Essayez de vous en souvenir, mais ne le dites pas à votre fille ou à votre fils, surtout pas. Rappelez-vous, c'est pour ça que cet enfant est maintenant en difficulté, parce qu'il sent votre inquiétude. Vous, vous en êtes sorti mais vous avez été à deux doigts de rater votre vie, d'être mis en prison, d'échouer aux études que vous vouliez faire à cause de cette aventure ou de cette situation dont vous pouvez vous souvenir."

Quand les gens ont des difficultés, il y a chez eux une sorte de narcissisme à ne pas vouloir se souvenir de la menace d'échecs graves qu'ils ont vécue au moment de l'adolescence. C'est de là qu'est venue leur force à sortir du danger imminent qu'ils avaient risqué. Ce sont

**Paroles pour les parents
et les adultes qui vivent
avec des adolescents**
Françoise Dolto

ces écarts qui les ont aidés à se sortir d'affaire et ils ont tout oublié après. C'est cela qui, au moment de l'adolescence de leurs enfants, fait réveil d'inquiétude. Quelquefois, cela n'est même pas éclairé par leurs souvenirs, mais ils projettent leur angoisse passée sur leur enfant et le sentent ainsi en danger.

Du coup, alors que les adultes devraient, pour le jeune, être un havre de sécurité, quand il retrouve ses parents, il retourne à des gens qui sont dans une grande angoisse à propos de ce que ce jeune leur cache de sa vie ou de ce qu'ils ne savent pas, puisqu'ils ne peuvent pas être toute la journée à le surveiller. Or rien n'est pire pour un adolescent que de se sentir espionné. On le voit, l'augmentation des tensions est le fait de l'angoisse des parents qui angoissent secondairement le jeune à l'idée d'assumer ses agissements et ses pensées sans leur en référer.

Maintenant, arrivons au travail qui est le vôtre quand, éducateurs, enseignants, vous avez des adolescents en difficulté et que vous vous demandez s'ils ne pourraient pas être aidés par une psychothérapie. C'est un travail difficile et chaque cas est un cas particulier. Comment juger qu'un adolescent a besoin d'aide alors que c'est quelquefois celui qui est en train de s'en sortir qui vous dit les choses les plus affolantes, les plus épouvantables sur sa manière de vivre, qui vous parle de son fantasme de suicide ou de meurtre ? Heureusement, quand on est psychanalyste, on sait que plus les gens expriment leurs fantasmes, moins ils seront suscep-

tibles de les exécuter. Encore faut-il le savoir. Souvent, avec des éducateurs, ils réveillent l'angoisse de celui-ci. Si à ce moment l'interlocuteur répond : "Va parler de ça à quelqu'un qui peut l'entendre parce que, moi je ne sais pas comment t'aider", il a raison de le dire, mais il faut le dire sans angoisse. Je reçois beaucoup de lettres (c'est ma notoriété qui en est la cause) d'assistantes sociales, de professeurs de lycée qui m'écrivent : "Que puis-je faire pour tel adolescent que je sens tellement en danger, que ses parents détestent, etc ?"

Tous les fantasmes que l'adolescent nous raconte, toute sa salade, ils l'éprouvent et demandent à un psychanalyste comment faire, à qui l'envoyer ; certains sont même prêts à payer les séances ! Vous voyez à quel point un adolescent peut arriver à vriller au cœur quelqu'un et lui faire porter le poids de ce qu'il a, lui, à assumer. C'est peut-être vrai, peut-être pas, mais cela lui fait tellement de bien d'en parler, de voir quelqu'un s'angoisser, quelqu'un sur qui on a transféré le parent qui soi-disant ne peut plus vous comprendre : "Ma mère ne me comprend plus. Mon père, c'est un salaud" (Il l'a vu avec une maîtresse, alors, vous pensez…!). Le pauvre interlocuteur qui aime bien les enfants et veut les aider – je dis bien au sens social et le plus positif du terme, sans y voir là rien d'érotique ni de mauvais aloi – se dit : "Que faire ? Est-ce que je vais passer à côté ? Ce jeune homme, cette jeune fille vont-ils vraiment se suicider ?" Cette jeune fille, par exemple, un groupe entier se demande s'il faut de force lui faire prendre la pilule, lui poser un stérilet, elle qui jette son bonnet par-dessus les moulins. On m'écrit : "Elle a quinze ans, mais on ne lui a rien demandé." C'est l'objet d'affolement d'un groupe. Mais on ne lui a pas demandé si elle sait ce qu'elle risque en couchant à tort et à travers. Il y a toute une angoisse autour de cette adolescente parce que nous avons tous passé ce moment difficile, où l'on est comme sur le fil du rasoir.

La "crise" d'adolescence dont on parle, ce n'est pas plus une crise que ne l'est l'accouchement ; c'est la même chose, c'est une mutation. On ne peut pas dire que le ver qui entre dans la chrysalide est en crise… Le fœtus risque sa peau ; sans quoi, il ne naîtrait pas. S'il ne s'asphyxiait pas, il ne pourrait pas commencer le travail de l'accouchement. Il faut donc qu'il risque de mourir. Et en effet, il meurt en tant que fœtus pour devenir un nourrisson, mais il y a un risque. Eh bien, l'adolescence n'est pas une crise ; c'est une période de mutation, ce qui est tout à fait différent.

Il faut savoir aider celui qui aime, qui pense, qui vous parle, le sujet qui est dans un adolescent, savoir l'aider à se prendre en patience avec ce corps en mutation qui lui apporte des pulsions, des désirs qu'il n'arrive pas à assumer, qu'il n'arrive pas à réaliser et qui le font exploser, soit de violence, soit d'impuissance par rapport à ce qu'il voudrait imaginairement réaliser et dont il n'est pas encore capable. Mais c'est bien qu'il

pense à tout cela. Il y arrivera peut-être un jour, mais, en ce moment, il a besoin de parler de son impuissance, de sa déception de ne plus trouver de l'aide auprès de ses parents ; comme un fœtus qui va naître, il ne trouve pas d'aide auprès de sa mère, sauf exception.

C'est curieux que les adolescents n'aient qu'un mot à la bouche : "sortir". On dirait qu'ils sont comme des fœtus. Le fœtus, lui, ne sait pas qu'il pense à sortir, mais, en fait, il le vit comme un désirbesoin parce que, s'il reste, il mourra. C'est la même chose d'un adolescent : s'il reste dans sa peau d'enfant, dans la sécurité que la famille lui donnait, cela devient la plus grande insécurité. Rester dans sa famille et écouter maman ou papa, c'est impossible. Il faut assumer cet impossible d'une façon ou d'une autre, soit en s'intériorisant pour fuir sa famille, soit en s'extériorisant pour partir en sachant que sortir c'est beaucoup mieux que se refermer sur soi. Vous savez qu'il y a ces deux extrêmes chez les adolescents, mais il y a aussi ceux qui cherchent les solutions là où ils savent très bien qu'ils n'en trouveront jamais.
Un exemple tout à fait dans la sublimation, que j'ai connu parce que j'avais pour voisin un professeur de mathématiques qui préparait les étudiants à Polytechnique. Il me disait que c'était terrible d'être prof de mathématiques avec des adolescents. Ceux qui aiment les maths se mettent à en parler sans arrêt, cela devient pour eux quelque chose de tellement important qu'ils arrivent en disant : "J'ai trouvé la solution d'un théorème

**Paroles pour les parents
et les adultes qui vivent
avec des adolescents**
Françoise Dolto

que personne au monde n'a trouvé." Ils sont là à passer des nuits à démontrer ce qu'ils ont trouvé, ils sont tellement passionnés qu'ils n'écoutent même pas, ils sont dans un véritable délire mathématique alors que le professeur est affolé, se demande s'il faut continuer avec ces filles, ces garçons très doués qui sont là avec les maths comme avec un amant ou une maîtresse. Le professeur est affolé parce qu'il voit qu'il y a quelqu'un de délirant devant lui, qu'il n'y a rien à faire, que cette personne est tellement décidée à délirer qu'il ne sait comment l'arrêter. En même temps, il sent que ce jeune se désagrège d'un point de vue physiologique, qu'il brûle tout dans sa passion mathématique dont il est littéralement intoxiqué.

Cela peut se faire aussi avec la philo. J'ai eu à soigner un adulte de vingt-cinq ans qui était sublime en classe de philo, au concours général, etc., et qui, après sa philo, s'est effondré parce que ce n'était plus que tricoter de la philosophie pour tricoter de la philosophie. Il n'y avait plus personne, il n'y avait plus que quelqu'un qui mangeait, qui dormait, il n'y avait plus rien qu'un schizophrène. C'est sous cette étiquette qu'il a été pendant sept ans gardé par une infirmière. Il s'en est sorti par la psychanalyse, tentée seulement après ces sept années. Peut-être aurait-il pu s'en sortir au moment où justement il était dans des sublimations de philosophie qui rendaient tout le monde fier de ce futur grand philosophe pour le monde entier qui, en fait, était un malade, c'est-à-dire un adolescent en train de se piéger dans une passion, celle de la philosophie.

D'ailleurs, en psychanalyse, c'est curieux quelqu'un qui arrive comme ça. Il vous parle et rien n'a de sens. C'est un monologue de raisonnements en mots savants. Le ton est grave, comme si la vie dépendait de ce qu'il vous dit, et tout est abstrait, rien de concret, ni d'émotionnel. La sublimation apparente de certains autres adolescents, c'est au contraire dans le plaisir sexuel, la rencontre, le corps à corps et l'essai de draguer toutes les filles. On a tous le souvenir, comme ça, d'un copain qui ne pouvait pas lorgner une belle fille sans essayer d'y aller, et d'y arriver presque toujours. Finalement, il ne pouvait plus travailler parce qu'il collectionnait la réussite sur le plan de l'érotisme (soi-disant), mais c'est hors de toute loi éthique et même esthétique; c'est le coït envisagé comme une drogue. Nous sommes liés avec des adolescents pour essayer de les aider à ne pas se laisser piéger, et pour ça, il faut qu'ils rencontrent quelqu'un qui les écoute, il faut répondre dans la réalité. On peut laisser un adolescent se piéger quand on consent à l'état passionnel dans lequel il se met et qui nous touche. C'est quelque chose d'émouvant, comme un artiste qui veut aller au bout de son art, comme un plongeur qui fait le plus beau des plongeons. Oui, mais il ne faut pas vous laisser piéger, vous aussi, par quelque chose chez ce jeune qui est dans une grande passion. Il faut être là, comme la personne qui assiste la parturiente lorsque son enfant naît et qu'il faut empêcher

**127**

la tête de sortir trop vite. Il faut qu'il baisse la tête. Sans ça, ça se passera mal pour la mère. Si ça se passe mal pour la mère, ça se passera mal pour lui dans les huit jours qui suivent, parce qu'une mère qui n'est pas en bon état ne peut pas être une bonne mère de nourrisson qui vient de naître. L'adolescent joue les deux rôles. Il n'y a peut-être aucun risque pour la survie de la mère, aucun risque qu'il abîme le périnée de sa mère (et encore !), mais pour leur relation, ce sera dommage. Il faut donc qu'un accouchement se passe de façon facile et, pour cela, soit assisté. Il en est de même de l'accouchement d'un adolescent. Il a besoin d'être assisté pour garder l'auto-maîtrise de lui-même, l'auto-gouverne de son corps, qu'il continue à s'auto-materner et à se conduire selon les lois sociales, malgré le bouillonnement de ses fantasmes dus à l'explosion de son désir génital. Ce sont là des propos très simples que je vous tiens. L'aider à s'auto-materner, c'est dire : "Est-ce que tu manges? Est-ce que tu dors ? Est-ce que tu vis normalement pour ton corps ? Parce que ce n'est pas possible. Moi qui suis prof de maths, je t'estime, mais je te dis casse-cou. Tu vas vers un échec total de la possibilité même de penser si tu ne prends pas la prudence de t'auto-mater-ner, de te soigner."

Se gouverner, c'est se gouverner dans la société par rapport à son corps ou par rapport aux lois. Il y a une tentation de délinquance chez le jeune qui a un tel désir de musique qu'il va voler des dis-ques, un tel désir de sensations nouvelles qu'il commence à toucher aux drogues. Il est certain qu'un adolescent qui n'a pas fumé du haschich se sent, j'allais dire, comme un con, mais, c'est vrai, il se sent crétin de ne pas essayer du has-chich. C'est tout de même dangereux une époque comme celle-là. Je connais des jeunes de dix, onze, douze ans pour qui ne pas avoir volé dans un Prisunic, c'est être un imbécile, ne pas faire partie des gens malins. Des petits groupes se forment à ce moment-là. Le groupe est très important chez l'adolescent; il joue le rôle de tutelle artificielle irresponsable.

C'est justement le groupe, porteur mater-nant, qui va les aider à vivre leur muta-tion. Un tel groupe, quel qu'il soit, c'est comme une espèce d'auto-admiration réciproque. Il y en a toujours un dans le groupe qui veut qu'on aille au bout de quelque chose de risqué, puisque c'est une période de risques et que, chaque fois qu'on se sent dans le risque, on est quelqu'un de formidable. Le risque, c'est évidemment de voler puisqu'on peut être pris. Le risque, c'est de rester trop longtemps en apnée sous l'eau.

J'ai vu un type mourir comme ça. Il disait : "Demain, je vais rester tant de temps sous l'eau." Ce lendemain, sous l'eau, il est mort. Ses camarades autour de lui étaient impuissants et affolés. "Ecoute, disait-il, tous ceux qui ont dit qu'on pouvait rester en apnée tant de temps ont dit qu'on ne pouvait pas rester aussi longtemps. Mais moi, je vais faire mieux. Je m'entraîne. J'ai fait du yoga. Avant dimanche j'aurai fait mieux." Et

Paroles pour les parents
et les adultes qui vivent
avec des adolescents
Françoise Dolto

en effet, un beau jour, il y est arrivé, il est resté sous l'eau, dans la jouissance et l'asphyxie, il n'a pas voulu en ressortir et n'a pu être réanimé. La petite bande, malgré les soins rapides, n'avait pas réussi à empêcher ce garçon de se piéger dans un érotisme qu'il recherchait de cette façon-là, et lié à un risque. L'adolescence, c'est un âge où risquer consciemment, c'est s'assumer et exiger de soi de s'assumer tout seul.

Il y a toujours une angoisse devant toute réussite, et cette angoisse devient une poursuite pour elle-même. C'est ce qui se passe dans la drogue pour les pulsions passives, pour les jouissances optiques et auditives, les illusions cutanées, les plaisirs qu'apporte la drogue.

Mais tout ceci qu'on aime risquer, pourquoi le risquer jusqu'à la mort ? C'est là que le psychanalyste peut dire au jeune qu'il s'est passé quelque chose qui était déjà en devenir chez le père ou chez la mère et qu'il y avait trouvé une espèce d'éthique. Qu'il se préparait une certaine éthique d'exigence de soi, soit dans les pulsions actives ou émissives (se manifester), et/ou soit dans les pulsions passives ou réceptives au-delà de ce que jusque-là on a éprouvé. Se dépasser dans les pulsions actives c'est par exemple percer le secret d'un théorème qu'aucun mathématicien au monde n'a encore trouvé. Le psychanalyste peut lui dire : "Est-ce que tu as pensé au risque de ceci, au risque de cela, à la responsabilité que tu as de tes actes et des suites de cette responsabilité ?" Toute femme qui parle à un adolescent de l'autre sexe, en dehors

d'une relation psychothérapeutique, doit toujours lui dire : "Je n'ai pas été un garçon. Je ne crois pas que je peux t'aider vraiment. Tu peux me parler, mais je ne peux pas t'aider vraiment. Il faut avoir été un garçon pour comprendre les difficultés d'un garçon." Nous, femmes, nous pouvons parler à une fille, mais parfois nous pouvons très bien dire à une fille qui est d'une tout autre typologie que nous : "Tu sais, tu vois que je suis tout à fait construite autrement que toi. Tu as raison d'avoir confiance en moi, mais je ne peux pas t'aider."

Je vous parle de l'éducation et non de la psychothérapie psychanalytique où, là, nous n'avons rien à dire, nous n'avons rien à dire du tout – mais c'est une autre affaire. Je vous parle des personnes qui sont choisies comme éducateurs, comme interlocuteurs valables puisque les parents ne valent plus tripette. Il faut donc pour eux trouver d'autres adultes que leurs parents. Il y a toujours des adultes, hommes ou femmes, qui ne demandent pas mieux que d'entraîner les adolescents à faire du sport ou de les recevoir chez eux pour qu'ils viennent y faire leur musique ; il y a des gens qui aiment les adolescents. Ça ne veut pas dire pour ça qu'ils sont des pervers et il est évident qu'il ne faut pas empêcher ça. Cela peut être une saine convivialité entre générations.

Quand cet adolescent parle à quelqu'un d'autre, à un adulte – un garçon peut parler à une femme en dehors, les filles à un homme –, c'est très important de lui dire : "Je n'ai jamais été une femme.

Donc, je ne peux pas te conseiller, mais tu as eu raison de m'en parler. Si tu allais voir telle personne qui est psychothérapeute, je crois que tu en as besoin."

C'est à partir de ce moment-là que l'enfant pourra comprendre qu'il devrait faire une psychothérapie avec cette personne. Mais on ne fait pas tout de suite une psychothérapie parce qu'on va parler à quelqu'un. Il ne faut pas non plus piéger l'adolescent en lui disant qu'il doit faire une psychanalyse ou qu'il doit faire une psychothérapie, parce que pour lui, ce qu'il fait, ça fait partie de sa vie, il ne se sent pas un malade et il ne l'est pas. On peut lui dire : "Tu devrais aller parler à quelqu'un d'expérience. C'est mieux que de me parler à moi qui ne peux pas te comprendre complètement, qui ne peux pas t'aider car ce n'est pas mon métier. Je peux seulement t'aider à trouver quelqu'un. Pour aller plus loin dans la compréhension de ce que tu vis, je ne suis pas compétent." Il est bon dans ce cas que l'adolescent ait ainsi plusieurs pôles de référence.

Il y a donc la personne qui s'occupe de lui. Avec la bande, on va chez elle, sans sens critique, sur le mode passionnel : "C'est un type formidable, extraordinaire!" Ce sont des gens qui occupent les adolescents. Hélas, les jeunes ne savent pas où aller sans dépenser d'argent. Les écoles sont fermées, alors que l'école est un lieu qui devrait être toujours ouvert à la jeunesse, non pas avec des professeurs mais avec des éducateurs qui occuperaient les lieux, ces lieux où les élèves

inscrits seraient chez eux à toute heure. Comme ce n'est pas le cas, ils trouvent des gens chez qui ils peuvent aller se réunir et trouver du secours. Ils choisissent quelqu'un qui n'est pas toujours cette personne de la bande chez qui ils vont et pour lequel ils ont un sentiment filial, un transfert, comme un oncle, une tante. Ça peut être l'assistante sociale, l'infirmière du lycée. Les infirmières de lycée servent beaucoup à ça : on a mal à la tête, on somatise, chacun à sa façon, parce qu'on s'embête, on a un problème, un problème de cœur, le petit ami est en train d'en regarder une autre, la petite amie a l'air de fuir, alors, on a mal à la tête. Le professeur dit : "Allez à l'infirmerie" et, à l'infirmerie, on rencontre l'infirmière. Ces infirmières des lycées entendent les adolescents. C'est le type même de ces personnes dont je vous parle, qui ne sont pas les attireurs de bande, qui sont des confidents. Or, ce sont ces confidents-là qui souvent s'inquiètent, peut-être à juste titre, peut-être pas, et qui s'angoissent parfois de ce que raconte le jeune. Ils se demandent quoi faire, ils s'interrogent : "Est-ce que vraiment les parents sont comme il me le dit ? Est-ce que vraiment cette fille est à la rue ? Est-elle obligée de coucher avec ce proxénète ?", etc.

Il est très important que cet adulte confident puisse dire : "Tu devrais aller parler à quelqu'un dont c'est le métier, car quand moi j'ai eu mon adolescence, elle a été difficile comme chez tout le monde, mais je n'ai pas traversé les mêmes histoires que toi. Tu as eu raison de m'en

**Paroles pour les parents
et les adultes qui vivent
avec des adolescents**
Françoise Dolto

parler mais va donc parler à telle psychologue thérapeute. Elle comprendra mieux. Tu peux continuer de venir me parler." C'est important de dire ça. Bien que, lorsqu'ils reviennent de chez le psychologue, il faut les aider à garder le secret de leur séance. Ils voudront vous raconter. Vous leur direz : "Non, je t'avais conseillé d'y aller. Sinon, tu n'y serais pas allé. Maintenant que tu y es allé, ne me dis pas ce qui s'est passé entre vous deux. Parlons, nous deux, mais garde pour toi ce qui s'est passé avec le ou la psychologue. Moi c'est amical. Lui (ou elle), c'est professionnel."

Pourtant il y a une deuxième règle d'or : ce jeune que vous avez envoyé, qui a votre confiance, quand il revient de chez le psychologue en voulant absolument tout raconter, ne lui rentrez pas ses paroles dans la gorge, mais éloignez-vous intérieurement de ce qu'il vous dit. Ça n'a aucune importance, ça n'a rien à voir avec la relation qu'il a avec vous. Préservez la relation qu'il a avec vous, mais ne vous occupez pas de sa relation de transfert négatif. Presque toujours, quand il arrive, il va vous dire : "Quel con !" ou bien "Tu m'as envoyé chez une conne !", etc. "Bon, mais conne ou pas, retournes-y. C'est quelqu'un du métier. Retournes-y et tu viendras me dire si tu veux." Voilà comment le faire réagir quand il vous dit du négatif, bien entendu. Mais autrement, si ce jeune revient, et que vous l'écoutez complaisamment, alors le commencement du traitement qui s'est fait va rater. Il faut donc dire : "Je ne veux pas que tu m'en parles. Parlons

d'autre chose. Maintenant que tu as quelqu'un à qui te confier, parle-moi des choses de la réalité." Vous voyez, c'est de la réalité et non des fantasmes que les jeunes peuvent et doivent vous parler, à vous éducateurs.

C'est très difficile de s'occuper d'adolescents. En vous en parlant, je sens que je réveille chez vous des expériences vraies. Et pourtant, je ne vous dis pas d'autres choses que ce que vous avez déjà compris. J'enfonce des portes ouvertes, mais je crois qu'il faut se dire ces choses quand on est entre soi, et qu'on n'ose pas toujours dire des choses aussi simples. Je suis sûre que vous pensiez que j'allais vous dire des choses extraordinaires, mais je n'ai rien d'extraordinaire à vous dire que mon expérience, et aussi l'admiration que j'ai pour les éducateurs en général.

Justement parce que le psychanalyste ne s'occupe de rien de la vie réelle de l'adolescent, il a absolument besoin que cet adolescent rencontre dans la vie ces éducateurs dans lesquels il a confiance. L'analyste, lui, ne peut rien faire dans la vie réelle ; son métier, c'est d'écouter ce qui se réveille, dans ce jeune, de sa relation lors de la précédente crise, c'est-à-dire la crise œdipienne.

Mutation par crise, mutation de l'acceptation de son sexe entre trois et cinq ans, relativement au modèle qui en était le représentant dans sa famille et aux difficultés qui se sont passées, dues aux événements intimes vécus entre ses parents et lui. C'est ça que le psychanalyste écoute

**131**

et, en écoutant, il allège beaucoup, en effet, la surintensité des pulsions refoulées en parlant de ce passé. Mais ça n'aide pas immédiatement pour le jour le jour. Au jour le jour, les difficultés par lesquelles il faut passer restent inévitables, car ce n'est pas drôle l'adolescence, ni pour celui qui la passe, ni pour ceux qui en ont la charge et qui aiment cet adolescent.

Maintenant, je vais vous dire quelques mots de la psychothérapie en elle-même particulière des adolescents. Je vais peut-être vous étonner en vous disant que, pour toute psychothérapie, il faut que le jeune homme (ou la jeune fille) soit motivé par lui-même, bien qu'il y soit venu forcément sur l'indication de quelqu'un d'autre en qui il avait confiance. Le travail des psychanalystes, c'est d'abord de motiver par lui-même cet adolescent – mais ça, c'est nécessaire à tout âge.

La psychothérapie ne commence que lorsque le sujet lui-même a décidé qu'il veut changer quelque chose dans sa vie et qu'il assume cette responsabilité. C'est pour ça que je suis si heureuse qu'il y ait tant de centres qui soient gratuits pour les adolescents et qui continuent pour les adultes. Bien souvent hélas, les enfants petits sont envoyés dans ces centres alors que ce sont les parents qui devraient parler pour que les enfants guérissent, ou plutôt ne soient pas obligés d'avoir l'air malade. Heureusement, maintenant, les CMPP s'ouvrent à recevoir les parents, mais ils entendent les parents en tant que parents et non en tant qu'adultes

dérangés. Il faut que ce soit sous le nom de leur enfant qu'ils viennent parler. C'est très dommage.

Il devrait y avoir, pour ce qui est de la psychanalyse ou de la psychothérapie, des lieux ouverts autant aux adultes qu'aux enfants, car il n'y a aucune raison de faire de la psychothérapie dans ces centres pour les seuls enfants. Que ce soit gratuit pour les enfants qui veulent venir alors que les parents ne peuvent pas payer, là, d'accord; mais que ce soit gratuit pour les parents à la condition qu'ils amènent l'enfant qui n'en a pas besoin ou qui n'en a besoin que parce qu'il est perturbé d'angoisse par ses parents, c'est dommage. C'est eux seulement qu'il fallait écouter, et non sous le couvert de les recevoir en tant que parents. Le jeu est faussé.

Mais pour les adolescents, alors là, c'est parfait. Il faut des lieux où les adolescents puissent venir et où c'est l'Etat qui paie pour ce qui est de l'argent dans sa réalité d'échange. Cet argent dans la réalité d'échange, il faut cependant que ce soit payé par l'adolescent, c'est-à-dire que cet adolescent, lui, sache que même s'il avait de l'argent, il viendrait, c'est-à-dire qu'il paie le prix symbolique comme un enfant le fait : "Si j'avais de l'argent, je vous paierais." Mais comme il a déjà quinze ans, l'âge de la responsabilité devant la société, il faut alors qu'il paie réellement.

Comment est-ce qu'un adolescent peut payer réellement ? C'est difficile. Quand il vit en famille et que la famille paie une partie, ne serait-ce que le ticket modé-

**Paroles pour les parents
et les adultes qui vivent
avec des adolescents**
Françoise Dolto

rateur, ou bien quand il est en ville – puisque je parle des psychanalystes qui travaillent en ville – on ne peut pas travailler avec un adolescent si l'argent de sa cure n'est pas considéré comme avance d'héritage. Il faut signer un papier, ce qui est déjà une grande part de psychothérapie avec les parents ou le jeune, et dire : "Les séances, c'est vous qui déciderez quand vous voudrez venir, c'est vous qui les paierez. Votre père ou votre mère vous ont fait une avance officielle, écrite sur un papier, et le notaire est au courant ainsi que vos frères et sœurs." C'est dit officiellement. Il y a une dette qui, si elle n'est pas remboursée au père ou à la mère avant sa mort, sera comptée comme part d'héritage. On déduira le prix payé pour cette analyse de la part qui revient à cet adolescent. Evidemment, avec un enfant unique, ça n'a pas beaucoup de sens puisque c'est lui qui reçoit tout quand il y a un tout petit bien. Mais ça lui réduit sa part : il a à payer l'impôt sur cette somme non remboursée à son parent de son vivant et il lui est dit que son analyse ne lui sera profitable que s'il l'a payée.

Pour les parents, c'est vraiment quelque chose qui leur fait comprendre que l'adolescent, en effet, ne peut plus émarger à leur budget si ça n'est pas dans une entente totale. On s'entraide en famille les uns les autres à condition que ce soit à bénéfice réciproque et pas, au-delà de l'enfance, au seul bénéfice du fils ou de la fille. Quand le jeune veut se détacher de sa famille, c'est tout à fait important que les parents le sentent. Il faudrait leur

dire : "Vous, si vous voulez l'aider, gardez l'argent que vous avez pour quand il sera en train de s'installer, mais ne continuez pas à l'entretenir maintenant qu'il doit assumer son évolution". C'est bien pour cela qu'aujourd'hui c'est la quadrature du cercle pour les adolescents de s'en sortir alors qu'ils ne peuvent pas gagner leur vie. Je suis désolée de voir ça. Quand quelqu'un peut assumer de gagner de quoi payer ses séances par de menus travaux, baby-sitting, etc., il n'a pas besoin d'emprunter à ses parents et c'est beaucoup mieux.

Il m'est arrivé, pour des parents qui refusaient de payer le traitement mais qui ne refusaient pas que l'enfant soit en traitement – il n'y avait pas en ce temps-là de centres gratuits pour adolescents comme il y en a maintenant – de soigner des adolescents en dette d'honneur. Il ne faut jamais non plus donner un prix facile à un adolescent parce qu'il ne pourrait pas changer de psychanalyste. C'est comme si vous lui disiez : "Puisque je te fais un prix, il n'y a que moi qui puisse te soigner." Tandis que, quand l'adolescent paie le prix couramment demandé par les thérapeutes de la même discipline, on peut lui dire : "Vous avez tout à fait raison d'aller chez un autre psychanalyste. La psychanalyse continue, même si vous me plaquez.", car il y en a qui ont besoin de vous éprouver, comme ça, de répéter avec vous le quitus qu'ils ont donné à leurs parents.

Je ne sais pas pourquoi circule cette idée imbécile, qu'ont beaucoup de gens, selon laquelle il faudrait faire son analyse impérativement avec le même psychanalyste. Ce n'est pas vrai, puisque celui qui devient lucide, c'est-à-dire le psychanalyste, il est dans le patient lui même, dans celui qui fait sa psychanalyse, et le psychanalyste qu'on paie n'est là que pour réveiller cela. Dès qu'on passe de l'un à l'autre, ça n'a aucune importance pourvu que la psychanalyse continue, puisque on est soi-même son propre psychanalyste en résonance avec des psychanalystes différents.

Donc, un jeune, il ne faut pas le piéger en le prenant gratuitement, en lui faisant la cour, en lui faisant croire qu'il n'y a que telle personne qui puisse le comprendre. Il faut surtout, tout de suite, lui analyser son transfert : "C'est vous qui vous soignez en venant chez moi et, moi, je ne suis là que pour que vous deveniez lucide. Vous n'avez peut-être même pas besoin de mon aide si, pendant les séances, vous savez ce qui se passe en vous."

Mais qu'on leur dise ou non (ça peut être opportun de le dire), il faut savoir que la psychothérapie des adolescents se passe presque toujours dans le silence. Il faut supporter des quarante minutes de silence. Ils viennent toujours à l'heure pour ne rien dire du tout. Ils sont là, et on supporte en comprenant que c'est très important qu'ils puissent ne rien dire du tout. De temps en temps, ils sont conscients qu'ils ne disent rien et, comme ils ont un transfert positif, ils vous disent : "Je vous fais perdre votre temps. – Non, puisque vous me payez, et l'important,

ce n'est pas les mots au taximètre ; l'important est qu'ici vous vous sentiez vrai. – Oui, mais je ne pense à rien. – C'est parfois être vrai de ne penser rien."

Or, c'est bien ça, c'est une naissance. Les mots d'avant ne leur servent à rien ; ils sont à moitié pleins de sens parce que ce sont des mots d'enfants. Tout se change, et même le sens des sentiments n'est plus le même. Il y a une pudeur qui paraît spéciale chez l'adolescent, mais ce n'est pas une pudeur, c'est que tout est érotisé. Il ne sait pas parler sans que tout se mette sur le même plan d'un coup. Il n'y a pas de nuances en parole. Il peut inventer la musique, il peut inventer des rythmes, mais, pour la parole, ce sont des mots qui ont été employés par des gens avant qu'il ne comprenne le sens de la généralité (inconsciemment, bien sûr) et ils ne servent à rien. Les mots sont des pièges aussi. C'est bien de le savoir. Le meilleur de la psychothérapie chez les adolescents se passe dans le silence. Ceux qui ne le supportent pas bien souffrent avec les adolescents et croient qu'ils se moquent d'eux en venant sans parler ; ils croient qu'ils cachent quelque chose. Inconsciemment, ils angoissent l'adolescent. Il ne faut surtout pas savoir, avant qu'il ne le sache, ce qu'un adolescent pense. Il ne faut pas espionner, il ne faut pas avoir deviné, ni intuitionné, ce qu'il pense. Il faut seulement être disponible et patient – oui, patient.

Alors qu'on peut, avec un enfant, deviner par son comportement ce qu'il ne peut pas dire en mots, chez l'adolescent,

**Paroles pour les parents
et les adultes qui vivent
avec des adolescents**
Françoise Dolto

derrière les mots qu'il dit, il faut savoir que ces mots sont creux, que c'est autre chose qu'il vit. S'il ne les dit pas, c'est aussi bien que s'il les disait, à condition qu'il ait la patience et qu'il sache que c'est son inconscient qui travaille et pas son cortex.

Donc, vous lui dites : "Venez à l'heure. Je vous donne votre temps. Ne vous tracassez pas de ce silence." Même si on ne le dit pas, c'est cette attitude-là qu'il faut avoir et on est bien récompensé, je vous assure. Parce que, au bout de quinze à vingt séances de silence, un adolescent qui ne fichait rien, qui se droguait, eh bien, on apprend par l'extérieur qu'il a été reçu à tel examen, il est tout à fait régulier au lycée, il dort très bien, toutes choses qui étaient complètement dérangées dans sa vie physiologique ou sociale qui se sont arrangées et qu'il n'a pas voulu ni même pensé à dire. Quelquefois avant les vacances, il vous dit : "Je reviendrai après les vacances". Suivant ce que vous penserez, vous lui répondrez : "Eh bien, oui". Ce jour-là, il parlera : "Ça m'a tellement aidé". Et il (ou elle) vous dira toute la réussite de sa vie. Et vous, vous ne pouviez absolument pas vous en douter pendant toute l'année scolaire où il venait régulièrement à l'heure, payait le prix symbolique – quand il s'agit d'un centre gratuit – de cinq centimes. C'est difficile de donner cinq centimes. On ne les trouve pas facilement, il faut s'en préoccuper : pas un franc, c'est trop facile ; cinq centimes et pas autre chose. Qu'ils arrivent avec ça à chaque fois, cela prouve que le transfert est établi et que le psychanalyste en eux fait son travail sans mots pour le dire. L'adolescence, ce n'est pas du tout l'époque où il faut des mots pour le dire. Il faut supporter de ne pas avoir de mots pour dire tout ce qui se passe et qui est une mutation, qui se fera plus facilement s'il y a une personne qui accepte d'être témoin de ce désarroi de langage au moment où on vit tant de choses qui ne peuvent plus être mises dans les mots et dans le langage qu'on avait tout le temps dans son enfance.

Ce qui peut arriver, ce sont les bouffées délirantes chez les adolescents, dont il ne faut surtout pas s'inquiéter en croyant que c'est une entrée dans la schizophrénie. Quand un transfert s'est établi, on est tranquille. Il faut avoir le courage de supporter ces étapes d'apparentes démolitions qui, d'ailleurs, se laissent parfois présager par des dessins qui sont faits dans tous les sens, avec des représentations floues, des bouts de paysages, de voitures dans un sens, d'avions en dessous. Vous les voyez couvrir des pages de façon indécise, pour s'occuper. Ils sont là, ils viennent à l'heure, ils vous apportent leur paiement symbolique et ils s'en vont d'une façon quelquefois timide, de moins en moins timide. C'est la seule chose visible, pour le psychanalyste, cette façon de plus en plus affirmée dans le départ.

Il ne faut pas s'inquiéter s'il y a un moment délirant. Il faut les suivre à l'hôpital, il faut y aller le jour où ils doivent avoir leur séance, quand ils ont des séances régulières. Il faut y aller, simplement pour être là, quelquefois pour se faire engueuler par les soignants – ça m'est arrivé quand j'étais jeune –, se faire engueuler par des internes qui vous disent : "On ne prend pas un adolescent en psychanalyse." C'était l'époque soi-disant où on ne les prenait pas en théra-pie psychanalytique. Pourquoi ? C'est justement un moment excellent si on ne leur demande pas de parler, si on leur demande de venir et qu'on est là pour eux, pour ce qu'ils ont à dire, s'ils ont quelque chose à dire.

Eh bien, ça s'arrange toujours ces bouf-fées délirantes, quand quelqu'un a un transfert qui se maintient en confiance. Je l'ai vu dans des cas assez sérieux même d'adolescence prolongée. Parce que je vous parle d'adolescence à l'âge civique, mais nous avons affaire en psy-chanalyse à de jeunes adultes qui ont des troubles d'une adolescence refoulée qui ne s'est pas faite et qu'ils ont à faire avant de devenir adultes.

Malheureusement, quelquefois, étant donné leur âge, on les a pensé adultes. Dans leurs actes, ils avaient osé des liens matrimoniaux, par exemple, simplement parce que leur copain avait épousé une fille. Alors, la copine de la femme du copain, pourquoi pas ? Et puis, c'est avec celle-là qu'on sort, qu'on se fiance, et puis, on l'épouse. C'est le drame. Elle est enceinte. Alors on couche dans sa voiture plutôt que d'aller coucher avec elle parce que c'est affolant, ça n'aurait pas dû arriver. "On n'avait pas prévu ça." L'adolescent qui ne pense pas aux

conséquences de ses actes, il se marie, couche avec une femme et cette femme ne doit pas avoir d'enfant. Si elle a un enfant, lui n'existe plus, son identité disparaît.

Et c'est là que vous voyez des accès pseudo-schizophréniques chez des jeunes mariés pour le premier enfant, avec divorce, bien sûr, inévitable parce que le travail de la psychanalyse n'est pas possi-ble. Ils n'ont pas le temps devant eux. Ils ont besoin de rejeter cette femme qui remplace la mère quand ils étaient petits, tout simplement. Ils se sont mariés dans un état de l'adolescence, au moment de la passion du premier amour de l'adoles-cence qui est un amour pas du tout mûr et qui est toujours un transfert combiné homo et hétérosexuel. Ils ont chipé une fille (ou un garçon si c'est une fille) à quelqu'un d'autre. C'est comme un Œdipe qui se réalise, c'est tout d'une manière transférée sur un copain et sur la copine du copain et la copine de la copine du copain. Ce n'est pas du tout délibéré, ce n'est pas du tout en rapport avec les deux psychologies de ces amants en tant que "personnes". Ce sont des supports de rôles œdipiens de père et de mère, conflit d'amour possessif et de rivalité amoureuse. Ces deux-là n'ont rien qui pouvait les rapprocher puisque c'était pour 90 % du transfert et pas de l'amour. Alors, nous avons à soigner pas mal de ces gens-là et, quand, malheureu-sement, des enfants en sont nés, c'est bien embêtant pour ces petits. Enfin, eux aussi ont pris le risque : c'est eux aussi qui ont voulu naître ! Il faut évi-

**Paroles pour les parents
et les adultes qui vivent
avec des adolescents**
Françoise Dolto

demment s'occuper d'eux. Mais c'est quand même ennuyeux de telles aventures de couples. On voit, au cours du traitement de ces gens ou de l'enfant né de telles unions ratées, que ce sont des adolescences qui ne s'étaient pas faites, qu'on avait retardées en refoulant les désirs inhérents à la puberté.

Je crois que maintenant il va se passer pas mal d'histoires comme ça, du fait que les jeunes ne peuvent pas sortir de chez eux et qu'ils restent perfusés d'argent par leurs parents ou seulement assistés par eux, parce qu'ils sont trop longtemps au chômage. Ce n'est pas honteux de ne pas trouver du travail ; c'est le lot de tout le monde.

Quelqu'un qui est plein de possibilités et d'espoir, de vie, de vitalité et qui ne peut pas travailler, est obligé de développer des pulsions passives ; sinon, il devient délinquant dans la réalité. Et ceux qui résistent à devenir délinquants actifs, se nuisent à eux-mêmes par une délinquance passive qui est la recherche de sensations qui ne dérangent pas le voisin, et c'est la drogue ou la boisson, les tentations qui prennent au piège du désir des adolescents demeurés assistés trop longtemps par leurs adultes familiaux.

Voilà, j'ai fait le tour de ce que je voulais vous dire ▮

# La LOI

## L'adolescent et ses droits

Sollicité de toutes parts, l'adolescent se retrouve de plus en plus seul face à lui-même. Détenteur d'une liberté fraîchement octroyée, il ose désormais exprimer ses exigences. Qui va pouvoir y répondre? Pas toujours les parents, parfois occupés à se frayer leur propre passage.

*une place bien à part*

Le législateur est venu singulariser le cas de l'adolescent dans le système judiciaire civil et pénal et lui donner une place bien à part entre l'incapacité et la pleine capacité juridiques.

*faire connaître son opinion dans les affaires qui l'intéressent directement*

Voilà qu'on lui demande, d'une part, de faire connaître son opinion dans les affaires qui l'intéressent directement (par exemple le divorce de ses parents, son adoption, etc.), et que, d'autre part, on l'autorise désormais à accomplir des actes autrefois du domaine réservé des adultes.

*les réponses aux grandes questions qui jalonnent sa vie*

Reste alors à l'adolescent à prendre conscience et connaissance de ces droits et éventuellement à les mettre en pratique. Que ces quelques pages lui fournissent les réponses, même sommaires, aux grandes questions qui jalonnent sa vie. L'adolescent deviendra celui qui, informé, sera mieux préparé pour entreprendre sa vie d'adulte.

### la filiation

*l'enfant est le fils de son père et de sa mère*

La filiation est le lien de droit qui nous rattache à nos parents. C'est ce qui fait que l'enfant est le fils

*enfant légitime*
*enfant naturel*

*recherche de paternité*

de son père et de sa mère, et que de cette situation il peut prétendre à des droits et des devoirs.

On est enfant légitime lorsqu'on est issu d'un couple marié ; enfant naturel lorsqu'on est issu d'un couple non marié. Si l'enfant légitime est présumé avoir pour père le mari de sa mère, il n'en est pas de même pour l'enfant naturel qui, lui, devra établir qui est son père lorsque celui-ci se sera abstenu de le reconnaître.

Il dispose alors d'une action pour rechercher celui qui est son père lorsque le nom de ce dernier ne figure pas dans son acte de naissance, et quand bien même il saurait parfaitement qui il est et où il est. Cette action en recherche de paternité naturelle n'appartient qu'au mineur, et est exercée pendant sa minorité par la mère. Si cette dernière s'est abstenue de toute action, l'adolescent peut agir dans les deux ans qui suivent sa majorité devant le tribunal de grande instance.

Si la filiation paternelle n'est pas légalement établie, l'enfant dispose d'une action pour obtenir des aliments (une pension alimentaire). Il s'agit de l'action afin de subsides, qui ne vise pas à faire établir la paternité, mais est fondée sur une simple possibilité de paternité : cette action est en effet dirigée contre l'homme qui a entretenu avec sa mère des relations sexuelles pendant la période légale de conception. Elle est ouverte pendant toute la minorité de l'enfant, et même pendant les deux années qui suivent sa majorité.

## L'adolescent et son état civil

### le prénom

Le prénom est choisi par les parents et inscrit sur les registres de l'état civil au moment de la déclaration de naissance. On le porte normalement toute sa vie car le prénom est en principe immuable.

*modifié en cas d'intérêt légitime*

Toutefois la loi prévoit qu'il peut être modifié en cas d'intérêt légitime. Pendant la minorité, la procédure doit être engagée par le représentant légal de l'adolescent, en général ses parents, et cela se fait devant le tribunal de grande instance.

Les tribunaux devront examiner l'intérêt légitime de cette volonté. Il ne doit pas s'agir de simples convenances personnelles. Il ne faut pas préférer s'appeler Sophie plutôt qu'Anne, même si on porte le prénom de Sophie depuis longtemps.

A titre d'exemple, le changement de prénom a été autorisé pour éviter une confusion avec d'autres membres de la même famille, ou pour échapper plus tard à d'éventuelles persécutions raciales. L'adolescent d'origine étrangère peut, à partir de seize ans, avec l'autorisation de ses parents, s'il réclame la nationalité française, demander la francisation de son prénom et l'attribution d'un prénom français.

### le nom

Il faut distinguer entre l'enfant légitime, né de parents mariés, et l'enfant naturel, né de parents qui ne sont pas mariés.

*le nom de son père*

— Dès sa naissance, l'enfant légitime prend le nom de son père : cette règle connaît certaines atténuations.

En effet, il est possible d'avoir un nom d'usage. La loi du 23 décembre 1985 permet ainsi d'adjoindre au nom de son père celui de sa mère. Cela ne se fait pas tout seul, il faut en faire la demande. Pendant la minorité, cette faculté sera mise en œuvre par les deux parents. La carte d'identité ou le passeport indiqueront alors le nom du père acompagné de celui de la mère.

— Pour l'enfant naturel, le nom de famille sera celui de ses deux parents qui l'aura reconnu en premier, celui qui aura fait la déclaration à la mairie après sa naissance. Mais ce sera le nom de son père qui prévaudra lorsque les deux parents auront reconnu en même temps le nouveau-né.

Comme l'enfant légitime, l'enfant naturel reconnu par ses père et mère peut ajouter à son nom, à titre d'usage, celui de l'autre parent qui ne lui a pas transmis le sien.

*changer de nom*

Mais à la différence de l'enfant légitime, l'enfant naturel pourra, dans certains cas, changer de nom pendant sa minorité :

— L'enfant a d'abord été reconnu par sa mère, et seulement après par son père : dans ce cas, même si normalement il doit porter le nom de sa mère, il pourra cependant prendre par substitution le nom de son père, à la condition que les deux parents fassent une déclaration conjointe devant le juge des tutelles. Peu importera la volonté de l'enfant, du moins jusqu'à l'âge de quinze ans.
L'adolescent âgé de plus de quinze ans sera non seulement consulté, mais devra en outre donner impérativement son consentement.
— Si l'enfant n'a pas été reconnu par son père et si sa mère s'est mariée avec un autre homme, alors cet homme, le mari de sa mère, pourra donner son nom à l'enfant qui n'est pourtant pas de lui. Le juge des tutelles sera compétent pour recevoir la déclaration du mari conjointement avec la mère. Là encore, le consentement de l'adolescent de plus de quinze ans sera nécessaire. Cette atttribution du nom du mari de sa mère n'est pas définitive, car l'adolescent pourra décider dans les deux années qui suivent sa

*le nom de sa mère*

majorité de reprendre le nom de sa mère.

### la nationalité

*la qualité de français*

C'est à partir de seize ans que l'adolescent qui ne naît pas français peut, devant le juge d'instance de son domicile, réclamer la qualité de français.
Autorisé dans ses démarches par ses parents, il ne

pourra le faire que s'il remplit les conditions suivantes :
– s'il est né en France, même de parents étrangers ;
– s'il a sa résidence en France ;
– et s'il réside en France depuis au moins cinq ans.

par ailleurs :

*autorisation de ses parents*

– dans l'année précédant sa majorité, l'adolescent peut, avec l'autorisation de ses parents, décliner la nationalité française ;
– à dix-sept ans et demi, il a la faculté de répudier la nationalité française si un seul de ses parents est né en France. Il ne pourra plus le faire si le parent né à l'étranger, a acquis la nationalité française durant sa minorité.

### le domicile

L'adolescent, même proche de la majorité (sauf s'il est émancipé) n'a pas le droit de choisir librement son domicile. Il est en effet, jusqu'à sa majorité, domicilié chez ses père et mère, et doit être muni d'une autorisation de ses parents s'il doit quitter temporairement le domicile familial, *a fortiori* le territoire français (séjour d'études à l'étranger par exemple).

## L'adolescent et sa famille

### l'autorité parentale

L'adolescent reste sous l'autorité de ses père et mère jusqu'à sa majorité ou son émancipation.

L'autorité parentale n'est plus la puissance paternelle qui conférait au chef de famille des droits discrétionnaires et quasi absolus. Elle doit être désormais exercée dans le seul intérêt de l'enfant. Elle appartient aux père et mère pour le protéger dans sa sécurité, sa santé et sa moralité.

Les parents ont à son égard droit et devoir de garde, de surveillance et d'éducation.

### Les parents doivent-ils entretenir l'adolescent ?

*à la charge des parents*

Le Code civil prévoit expressément cette obligation à la charge des parents, mariés ou non. Ils doivent en effet nourrir, entretenir et élever leur enfant.

Cette obligation d'entretien peut se prolonger au-delà de la majorité si l'adolescent poursuit des études, mais elle n'est pas systématique. On tiendra compte en effet de son milieu social, de ses capacités intellectuelles, de la régularité de ses études. Ainsi, l'obligation des parents est subordonnée aux efforts et à l'assiduité de l'adolescent.

### L'adolescent peut-il choisir librement ses relations ?

En principe, les parents ont le droit de contrôler et même de s'opposer aux relations extérieures de leur enfant. Ils peuvent lui interdire de rencontrer un ami ou une amie.

Mais ce droit de contrôle et d'interdiction est limité dans deux cas :

— les père et mère ne peuvent, sauf motifs graves, faire obstacle aux relations personnelles de l'enfant avec ses grand-parents ;

*droit de correspondance et de visite*

— les autres membres de la famille et même des personnes extérieures à celle-ci peuvent obtenir un droit de correspondance et de visite, dans des situations exceptionnelles qui seront examinées par le tribunal.

### l'adoption

Même si on a dépassé l'âge de treize ans, on peut encore faire l'objet d'une adoption, soit notamment parce qu'on est sans parent, ou déclaré abandonné par un jugement du tribunal, soit aussi parce qu'on est adopté par le mari de sa mère ou par la femme de son père.

### l'adoption plénière.

Elle est réservée aux enfants de moins de quinze ans.

*rupture des liens*

Cette forme d'adoption entraîne la rupture des liens avec la famille d'origine par le sang.

L'adolescent de plus de treize ans doit personnellement consentir à son adoption.

### l'adoption simple

Elle permet à l'adopté de rester en partie dans sa famille d'origine.
A partir de quinze ans, l'adolescent doit donner personnellement son accord à son adoption.

### l'adolescent en opposition avec sa famille

*en danger dans sa propre famille*

Il peut arriver que l'adolescent se sente en danger dans sa propre famille. Il en est ainsi lorsque les père et mère n'exercent plus leur mission, par impuissance, défaillance ou inaptitude.

*juge des enfants*

Le juge des enfants devient alors l'interlocuteur de substitution. La loi, en son article 375 du Code civil, permet notamment au mineur de le saisir si sa santé, sa sécurité ou sa moralité sont en danger, ou si les conditions de son éducation sont gravement compromises.

C'est un des très rares textes de loi qui autorisent un mineur à saisir directement la justice, même contre ses parents. Il a en outre le droit d'être assisté par un

*avocat*

avocat, choisi par lui ou, à défaut, il demandera à

l'Ordre des avocats près du tribunal de son domicile de lui en désigner un d'office.

Les mesures prises par le juge des enfants :

*quitter ses parents*

— Si l'adolescent doit quitter ses parents, le juge peut décider de le confier notamment à un autre membre de sa famille, ou à un tiers digne de confiance. Mais il pourra aussi décider de son placement dans un établissement sanitaire, ou d'éducation ordinaire ou spécialisée ; voire même au service départemental de l'aide sociale à l'enfance (D.A.S.S.).

*modifier*

— A tout moment l'adolescent peut demander au juge des enfants de modifier ou de rapporter les décisions prises en matière d'assistance éducative.

### la séparation ou le divorce des parents

Il y a encore une dizaine d'années, le divorce se passait en dehors des enfants. On décidait pour eux, ils n'avaient pas le droit à la parole.

*droit à la parole*

Sous l'influence des médecins et des psychologues, et du désir croissant d'autonomie des adolescents, l'écoute de l'enfant a fait son chemin.

Le droit pour l'adolescent d'être entendu a été consacré par la loi du 22 juillet 1987, qui impose au juge aux affaires matrimoniales, juge qui s'occupe de toutes les affaires relatives aux divorces et séparations de corps, d'entendre les adolescents à partir de treize ans.

*droit d'être écouté*

Mais si, à cet âge, on a donc le droit d'exprimer ses sentiments, ceci n'implique pas pour autant une obligation d'avoir à choisir entre le père et la mère. L'adolescent a tout simplement le droit d'être écouté de telle sorte que la décision du juge soit la mieux adaptée à ses souhaits et à ses intérêts, surtout lorsque ceux-ci traduisent une volonté mûrement réfléchie de vivre avec l'un ou l'autre de ses parents.

*vivre avec l'un ou l'autre*

## L'adolescent et l'école

L'école est obligatoire jusqu'à l'âge de seize ans, mais il faut savoir que l'instruction peut être dispensée dans le cadre familial, soit par les parents eux-mêmes, soit par une personne désignée par eux. L'inspecteur d'académie devra être informé de ce choix.

*sans motif légitime*

En principe, tout enfant d'âge scolaire trouvé par un agent de la force publique pendant les heures de classe dans un lieu public ou une salle de spectacle sans motif légitime doit être conduit immédiatement à l'école où il est inscrit, ou à l'école publique la plus proche.

*élu par ses camarades*

Au sein de son lycée ou de son collège, l'adolescent, élu par ses camarades, est associé par le chef d'établissement aux décisions qui sont prises avec les professeurs.

### fraude aux examens

*expulsé de la salle d'examen*

Les sanctions scolaires sont graduées. L'élève pourra être expulsé de la salle d'examen ou s'entendre interdire le passage des épreuves ou des concours pendant plusieurs années.

*sanctions pénales*

Des sanctions pénales peuvent être prononcées lorsque la fraude est constituée par le vol des sujets avant l'examen.

### loisirs, sports

*sports de son choix*

En principe, l'adolescent pourra se livrer aux sports de son choix à la condition que ses parents ne s'y opposent pas ou que les médecins ne viennent pas prétendre que l'exercice de ce sport est contraire à sa santé. En effet, dans ce dernier cas, l'organisme sportif pourrait être déclaré responsable s'il passait outre à la décision médicale.

Le visa du permis de chasser peut être accordé aux adolescents de plus de seize ans, avec l'autorisation de leurs père et mère.

## L'adolescent et l'armée

*devancer l'appel*

Dès dix-sept ans révolus, le garçon peut devancer l'appel et souscrire un engagement dans l'armée avec l'autorisation de ses parents.

*paroles pour adolescents ou le complexe du homard*

*le consentement de ses parents*

Il en est de même pour la fille qui, à dix-sept ans également, pourra demander, toujours avec le consentement de ses parents, à accomplir le service national qui, pour elle, n'est pas obligatoire.

## L'adolescent et son corps

### les soins et traitements médicaux

Face au traitement médical, l'adolescent n'est pas sans pouvoir de décision : il peut donner son avis sur un traitement médical, et l'article 43 du code de déontologie médicale exige que le médecin en tienne compte.

Cet avis a-t-il une importance, et l'adolescent peut-il agir jusqu'à refuser un traitement médical ?

Les tribunaux ont été amenés à se prononcer sur ce point dans le cas d'une adolescente de quatorze ans qui, atteinte d'un cancer, refusait, en accord avec sa mère, le traitement médical préconisé par le médecin de l'hôpital.
Le juge des enfants saisi par le médecin avait pris une mesure d'assistance éducative contraignant la jeune fille à suivre le traitement. La cour d'appel, composée de magistrats du second degré, a estimé que le choix d'une thérapeutique ne revenait pas au juge des enfants mais devait être laissé à la famille, en l'occurence à l'adolescente et à sa mère.

*le choix d'une thérapeutique*

### prélèvements d'organes

Le mineur a des droits sur son corps : il peut consentir à ce qu'un prélèvement d'organes soit opéré sur lui ; il peut également le refuser. Ce refus doit être respecté, même en opposition avec le choix de ses parents.

### la sexualité

a) Les relations sexuelles

Avant quinze ans, la loi ne reconnaît pas aux adolescents le droit aux relations sexuelles. Elles sont en effet punies par l'article 331 du Code pénal, même si l'adolescent a donné son consentement. Cette infraction s'appelle attentat à la pudeur sans violence.

*attentat à la pudeur sans violence*

Le partenaire pourra ainsi être poursuivi et encourir des peines d'emprisonnement de trois à cinq ans, et une amende de six mille francs à soixante mille francs, ou l'une de ces deux peines seulement.
A partir de quinze ans, l'adolescent disposera librement de son corps sans faire peser un risque d'infraction pénale à son partenaire, à l'exception de deux cas :

*relations incestueuses*

— les relations incestueuses : c'est-à-dire les relations sexuelles avec le père ou la mère légitime, naturel (le) ou adoptif (ve) ;

*détournement d'un mineur*

— le détournement d'un mineur par un majeur, sans fraude ni violence, encore appelé rapt de séduction. Cette infraction suppose l'existence d'un fait matériel d'enlèvement pendant un certain laps de temps (au moins une nuit).

b) La contraception

Les adolescents peuvent se faire délivrer, quel que soit leur âge, des contraceptifs sans le consentement de leurs parents.

*sans le consentement de leurs parents*

Les centres de planification et d'éducation familiale sont habilités à délivrer à titre gratuit des médicaments, produits et objets contraceptifs, sur prescription médicale, aux adolescents désirant garder le secret.

### c) L'interruption volontaire de grossesse

La mère mineure célibataire et enceinte doit donner son consentement à l'interruption volontaire de grossesse, hors la présence des parents (art. 162/2 du Code de la santé publique).

Il arrive que les parents viennent s'opposer à sa volonté d'I.V.G. (interruption volontaire de grossesse). Que se passe-t-il dans ce cas ?

*l'adolescente pourra saisir le juge des enfants*

L'adolescente pourra saisir le juge des enfants. Ce magistrat arbitrera et pourra ne pas tenir compte du refus des parents. Dans ce cas il autorisera les autorités médicales à procéder à l'I.V.G., notamment si la situation de détresse de l'adolescente justifie cette intervention (par exemple, une jeune fille sans ressources et rejetée par ses parents en raison de son état).

*reconnaissance d'un enfant naturel*

L'adolescente a décidé de garder son enfant et celui-ci vient de naître, se pose alors le problème de la reconnaissance d'un enfant naturel, c'est-à-dire hors des liens du mariage.

Le père mineur, comme la mère mineure, ont seuls qualité pour reconnaître leur enfant naturel. Ils n'ont pas besoin de l'autorisation de leurs parents.

*une action en recherche de paternité*

La mère mineure célibataire dont le père n'aura pas reconnu son enfant pourra intenter une action en recherche de paternité contre le père présumé, même si celui-ci est mineur.

## L'adolescent, l'argent et les biens

### l'argent

*argent de poche*

C'est souvent par le biais de l'argent de poche, ou grâce aux fruits de leur travail, que les adolescents sont amenés à recevoir de l'argent. Ils représentent désormais une cible recherchée et fortement stimulée par le monde des affaires et des médias.

La loi prévoit qu'ils peuvent dépenser seuls leur argent en accomplissant ce que le Code civil appelle les actes usuels, autrement dit les actes de la vie courante (art. 389.3 et 450 du Code civil).
Sont naturellement visés : les menus achats (de friandises, d'un journal, d'une revue...), mais aussi les achats plus importants comme celui d'un cyclomoteur.
L'adolescent peut donc, selon ses possibilités financières, décider de l'achat de tous les biens nécessaires à la vie de tous les jours (son habillement, sa nourriture, ses moyens de déplacement), etc.

### les banques

Beaucoup de banques offrent de nombreux services aux jeunes âgés de plus de treize ans. Ces offres ne sont d'ailleurs pas désintéressées, il s'agira de fidéliser ce futur adulte. Entre treize et seize ans, les adolescents peuvent, avec l'autorisation de leurs parents, se faire ouvrir un compte à vue, c'est-à-dire sans chéquier, ni carte de paiement. Seules les cartes de retraits d'espèces aux guichets automatiques sont permises.

*se faire ouvrir un compte à vue*

A partir de seize ans l'adolescent est considéré comme un adulte. Toujours avec l'autorisation de ses parents, il peut se faire ouvrir un compte courant pour obtenir la délivrance d'un carnet de chèques ainsi que d'une carte bancaire lui permettant de régler directement ses achats.

*un carnet de chèques*

### les biens

Entre treize et dix-huit ans, on est rarement fortuné, mais il peut arriver à certains adolescents d'hériter

151

*paroles pour adolescents ou le complexe du homard*

*hériter des biens d'un membre de
leur famille décédé*

des biens d'un membre de leur famille décédé. Ils peuvent également percevoir une prime d'assurance-vie contractée à leur profit, gagner au loto, obtenir une indemnisation à la suite d'un accident dont ils ont été victimes, etc.

Comment sont administrés leurs biens?
Les parents sont administrateurs des biens de leurs enfants jusqu'à leur majorité. Ils ont ainsi le pouvoir de vendre des biens immeubles, ou des valeurs mobilières, dans l'intérêt de l'enfant.

Si un seul des parents exerce l'autorité parentale, l'administration légale est placée sous le contrôle d'un juge appelé "juge des tutelles".

*juge des tutelles*

Qui perçoit les revenus de ces biens (par exemple le loyer d'un appartement loué)?

Jusqu'à l'âge de seize ans, ce sont les parents. Sont exclus du droit de jouissance légale des parents les biens que l'adolescent peut acquérir par son travail et les biens donnés ou légués à la condition expresse que les parents n'en jouiront pas.

Après seize ans, l'adolescent perçoit lui-même les fruits et revenus de ses biens.

*l'adolescent peut faire seul son
testament*

A seize ans l'adolescent peut faire seul son testament, mais il n'a le pouvoir de disposer que de la moitié de ses biens.

## L'adolescent et la justice pénale

L'adolescence constitue une période difficile de la vie. C'est parfois l'âge de toutes les imprudences, des situations dangereuses et des mauvaises fréquentations. Qu'un adolescent commette des actes répréhensibles (vol, consommation de drogue, etc.), et son avenir pourra être hypothéqué. L'importance de la délinquance juvénile en témoigne: soixante-dix mille mineurs sont jugés chaque année.

*la délinquance juvénile*

C'est aussi l'âge d'une maturité naissante : où l'adolescent de plus de treize ans devient accessible à une sanction pénale (peine de prison – encore que cette peine soit rarement appliquée –, peine d'amende, peine de substitution, c'est-à-dire affectation à un poste de travail d'intérêt public, par exemple : nettoyer le jardin public de sa ville).

*sanctions pénales*

Jusqu'à seize ans, l'adolescent bénéficiera toujours de l'excuse atténuante de minorité qui permet de réduire de moitié la peine prévue par le Code pénal pour les majeurs.

*l'excuse atténuante de minorité*

Entre seize et dix-huit ans, l'adolescent peut être privé de cette excuse atténuante de minorité. Il sera dans ce cas, en principe seulement, condamné comme un majeur.

Les mineurs de treize à dix-huit ans sont jugés par des juridictions propres aux mineurs : le juge des enfants ; le tribunal pour enfants ; la cour spéciale de la cour d'appel ; la cour d'assises des mineurs.

*juridictions propres aux mineurs*

Ils ont droit à l'assistance d'un avocat qui peut être soit commis d'office, soit choisi par eux ou leurs parents.

*assistance d'un avocat*

### la détention provisoire

Depuis le 1er mars 1989, la détention provisoire, c'est-à-dire le fait d'aller en prison avant d'être jugé, a été supprimée pour les jeunes de treize à seize ans. Cette disposition favorable ne concerne que la matière correctionnelle (s'il s'agit de délits : vol, usage de stupéfiants, coups et blessures, etc.).

*correctionnelle*

Pour les crimes (loi du 6 juillet 1989), la détention provisoire de ces adolescents reste possible, mais elle ne peut excéder six mois. Toutefois, à l'expiration de ce délai, la détention peut être prolongée à titre exceptionnel, pour une durée n'excédant pas six mois.

*crimes*

paroles pour adolescents ou
le complexe du homard

La loi prévoit que l'enfant mineur sera retenu dans un local spécial ou un quartier qui lui sera affecté, ou qu'il sera autant que possible soumis à l'isolement de nuit pour éviter toute promiscuité avec des délinquants majeurs.

En ce qui concerne les adolescents de seize à dix-huit ans, la détention provisoire ne peut excéder un mois s'ils encourent une peine correctionnelle de moins de sept ans. A l'expiration de ce délai, la détention peut être prolongée à titre exceptionnel pour une durée n'excédant pas un mois.

## L'adolescent et le travail

Dès l'âge de quatorze ans, l'adolescent peut effectuer des travaux légers pendant ses vacances scolaires, à condition de bénéficier d'un repos effectif d'une durée au moins égale à la moitié de la totalité de la période de vacances.
Il ne doit pas être affecté à des travaux répétitifs ou pénibles et son salaire ne doit pas être inférieur à 80 % du SMIC s'il a moins de dix-sept ans et à 90 % entre dix-sept et dix-huit ans.

A quinze ans, l'apprentissage est ouvert à ceux qui justifient avoir effectué la scolarité du premier cycle de l'enseignement secondaire.

A seize ans, dégagé de l'obligation scolaire, l'adolescent peut conclure seul un contrat de travail.

On considère que ses parents ont donné leur accord tacite s'ils n'ont manifesté aucune opposition à son activité professionnelle.

Certains emplois sont toutefois interdits jusqu'à la majorité, comme la confection, la manutention et aussi la vente d'écrits, affiches, dessins, dont la vente, l'offre, l'exposition, l'affichage ou la distribu-

*effectuer des travaux légers*

*son salaire ne doit pas être inférieur à 80 % du SMIC.*

*l'apprentissage*

*interdits jusqu'à la majorité*

paroles pour adolescents ou le complexe du homard

tion sont réprimés par les lois pénales comme contraires aux bonnes mœurs.

*l'adolescent ne peut travailler la nuit*

L'adolescent ne peut en outre travailler la nuit, c'est-à-dire entre 22 heures et 6 heures.

### la vie dans l'entreprise

L'adolescent de plus de seize ans a le droit :
— d'adhérer au syndicat professionnel de son choix sans l'autorisation de ses parents ;
— de participer aux élections du comité d'entreprise, à celle des délégués du personnel et aussi aux élections prud'homales.

*son action devant le Conseil des prud'hommes*

En cas de difficulté ou de licenciement par l'employeur, l'adolescent même mineur peut engager seul son action devant le Conseil des prud'hommes (juridiction qui règle les conflits entre employeur et salarié) pour faire valoir ses droits. Cette réclamation portera par exemple sur les salaires et droits non payés, ainsi que sur les indemnités si le licenciement a été abusif, donc décidé sans raison vraiment sérieuse.

## L'adolescent et les transports

A partir de quel moment l'adolescent pourra-t-il conduire librement un véhicule ?

*cyclomoteur*

A quatorze ans, l'adolescent peut conduire un cyclomoteur.

A seize ans, l'adolescent dont les parents sont agriculteurs ou exploitants agricoles peut aider ses parents dans les champs en conduisant seul les machines agricoles et tracteurs.

*machines agricoles et tracteurs*

*à la condition d'être assisté par une personne adulte*

L'adolescent, dès l'âge de seize ans, peut apprendre à conduire un véhicule automobile à la condition d'être assisté par une personne adulte ayant elle-même son permis, aux heures et jours autorisés à la circulation pour les apprentis conducteurs. Cette disposition du code de la route a l'avantage de familiariser l'adolescent à la conduite d'un véhicule automobile et de lui permettre d'acquérir ainsi une plus grande maîtrise de ses réflexes.

A dix-sept ans et demi, l'adolescent peut passer son permis bateau.

### les accidents de la circulation

*indemnisation du dommage*

La loi du 5 juillet 1985 garantit l'indemnisation du dommage corporel survenu à un enfant de moins de seize ans au cours d'un accident de la circulation, qu'il soit à l'intérieur du véhicule, à pied ou à bicyclette.
Ainsi la victime d'un accident de la circulation âgé de moins de seize ans est dans tous les cas indemnisée des dommages résultant des atteintes à sa personne, à moins qu'elle n'ait volontairement recherché le dommage (tentative de suicide).

Au-delà de seize ans, l'indemnisation du dommage ne sera plus systématique; on pourra opposer à l'adolescent sa propre faute si elle est inexcusable et si elle a été la cause exclusive de l'accident.

*les règles de la responsabilité civile*

Si l'adolescent conducteur d'un cyclomoteur est victime d'un accident de la circulation, ce sont les règles de la responsabilité civile qui s'appliquent. La notion de faute réapparaîtra et pourra exonérer au moins partiellement l'auteur de l'accident si elle est par exemple la conséquence directe d'une imprudence évidente de l'adolescent.

## L'adolescent responsable de ses actes

L'adolescent, comme le tout jeune enfant, peut être déclaré responsable du dommage qu'il a causé à autrui.

*responsabilité à la charge*
*des père et mère*

L'article 1384 al. 4 du Code civil édicte une présomption de responsabilité à la charge des père et mère : ceux-ci sont en effet supposés exercer leur droit de surveillance de manière constante. Ainsi si leur enfant commet une faute suivie d'un dommage – pendant le temps où il habite chez eux –, la loi considère que ce dommage n'a pu être commis qu'en raison d'un défaut de surveillance de la part de ses parents.

*défaut de surveillance*

C'est pour cette raison qu'elle institue une solidarité entre les parents, c'est-à-dire qu'indifféremment chacun d'eux est tenu d'assumer la réparation du dommage causé par son enfant. Les parents pourront toutefois s'exonérer de leur responsabilité en prouvant qu'ils n'ont pas commis de faute de surveillance.

## L'adolescent autonome

### le mariage

*les garçons*

*les filles*

En matière de mariage, la loi établit une distinction selon qu'il s'agit d'un garçon ou d'une fille.
Les garçons ne peuvent pas se marier avant d'avoir atteint l'âge de dix-huit ans.
A quinze ans, les filles peuvent contracter mariage avec le consentement soit de leurs père et mère, soit de l'un d'eux seulement, puisque le partage des voix entre parents emporte le consentement. Il suffit donc finalement du consentement de l'un des parents.

Il va sans dire que la jeune fille mineure doit consentir personnellement à son mariage.

### l'émancipation

Il est donné à l'adolescent la possibilité d'être pratiquement majeur avant l'heure : c'est l'émancipation.

*paroles pour adolescents ou le complexe du homard*

*elle peut intervenir à l'âge de seize ans*

Elle peut intervenir à l'âge de seize ans, et est demandée par les parents au juge des tutelles, qui devra vérifier les véritables raisons de cette émancipation. Il faut en effet éviter que les parents n'usent de ce droit pour se décharger de leur responsabilité à l'égard de leur enfant.

En effet, émancipé, l'adolescent n'est plus soumis à l'autorité de ses parents, et devient capable, comme majeur, de tous les actes de la vie civile, à l'exception de deux cas où l'accord des parents reste toujours obligatoire : lorsqu'il veut se marier, ou se donner en adoption.

Enfin, un enfant émancipé ne pourra toujours pas exercer la profession de commerçant ni user des droits civiques (droit de vote).

*Ce texte a été rédigé par Michèle Mongheal,
avocat à la cour d'appel de Paris.*